Oskar Kürten

# Der Sonnengeist Christus in der Darstellung Rudolf Steiners

Oskar Kürten

*Biographische Notiz Seite 98.*

Studienmaterial
zur anthroposophisch orientierten Geisteswissenschaft

Oskar Kürten

# Der Sonnengeist Christus in der Darstellung Rudolf Steiners

Verlag Die Pforte · Basel

3. Auflage 1988

Gesamtherstellung: Kooperative Dürnau, D-7952 Dürnau

ISBN 3 85636 011 5

# Inhalt

# Zur Einführung

Der hier vorgelegte Versuch, einen Beitrag zum Verständnis der Christologie Rudolf Steiners zu geben, wendet sich an Menschen, denen die Anthroposophie im wesentlichen bekannt ist, und die bereit sind, Rudolf Steiners Mitteilungen aus der Geistesschau ernst zu nehmen, – nicht aus Autoritätsgläubigkeit, sondern aus Einsicht. Denn sie sehen seine Aussagen in zunehmendem Umfang auf allen Lebensgebieten bewahrheitet und gewinnen dadurch auch Vertrauen zu solchen Ergebnissen seines geistigen Forschens, die, wie die hier behandelten, der eigenen Erfahrung noch verschlossen sind. Zudem erweist eine unbefangene Prüfung solcher Mitteilungen übersinnlicher Erkenntnisse mit dem jedem Menschen zu Gebote stehenden Wahrheitsempfinden, daß sie weder der Vernunft noch dem Weisheitskern der Religionen widersprechen.

Die Äußerungen Rudolf Steiners über den Sonnengeist Christus sind allerdings nach Art und Umfang sehr verschieden; teilweise beschränken sie sich auf knappe Andeutungen. So konnte hier nur versucht werden, sie für eine erste Überschau nach einigen methodischen Gesichtspunkten – ohne Anspruch auf Vollständigkeit – zusammenzustellen.

Mancher Leser mag von dem, was sich aus einer solchen Zusammenschau über den Sonnengeist Christus ergibt, auf den ersten Blick überrascht sein. Doch die Menschheit schreitet in ihrer Geisteskultur fort, und jeder Fortschritt stellt höhere Anforderungen an unser Erkenntnisvermögen. So wird man sich auch um ein Verständnis dessen bemühen müssen, was Rudolf Steiner der Menschheit als erste Elemente zu einem neuen Begreifen des unausdenkbar großen Rätsels der Christus-Erscheinung auf der Erde gegeben hat.

Weil es bei den hier behandelten subtilen Fragen durchweg auf die genaue Formulierung der Aussagen Rudolf Steiners ankommt, sind diese weitgehend in ihrem Wortlaut angeführt. Denn Rudolf Steiner war, wie er selbst wiederholt betonte, stets besonders darum bemüht, für die von ihm geschilderten geistigen Tatbestände eine möglichst genaue Ausdrucksform zu finden, die er als ein Wesentliches seiner Darstellungen bezeichnete. Darum geht es gerade bei solchen Mitteilungen aus der Geistesschau, die sich an erst in der Zukunft wirklich Enthüllbares in Andeutungen herantasten, nicht an, seine Wortfügungen und Satzwendungen in anderer Art wiederzugeben.

Zwar ist es immer mißlich, einzelne Äußerungen aus ihrem Zusammenhang herauszunehmen und für sich wiederzugeben. Denn die Schriften und Vorträge Rudolf Steiners sind aus dem Geiste heraus geschaffen und bilden je für sich einen lebendigen Gedankenorganismus, in dem jede Einzelangabe an ihrem Ort aus dem Ganzen heraus verstanden werden muß. Jedoch läßt sich eine solche Zergliederung nicht umgehen, wenn man sich einen Überblick verschaffen will über das, was der Geistesforscher über einen bestimmten Fragenkomplex gesagt hat. Man muß mit der durch die Zusammenschau gewonnenen Empfindung sich den herausgegriffenen Angaben in ihrem ursprünglichen Zusammenhang wieder zuwenden, wobei diese dann in einem neuen Lichte erscheinen.

Nur einige Hinweise will diese Schrift geben. Darum wurde darauf verzichtet, den vielen ineinander verschlungenen Fäden, die sich im Verlauf der Betrachtung ergeben, weiter nachzugehen. Dies sei dem verständnisvollen Leser überlassen, der bei tieferem Eindringen in das unausschöpfliche Geistesgut, das Rudolf Steiner uns geschenkt hat, immer wieder überraschend neue Einblicke in die geheimnisvollen Zusammenhänge finden wird, in die der Eintritt des Christus in das Erdendasein und das Mysterium von Golgatha hineingestellt sind.

Berlin, Weihnachten 1966

*Dr. Oskar Kürten*

# 1. Das Rätsel der Christus-Erscheinung

Im Mittelpunkt alles geisteswissenschaftlichen Wirkens Rudolf Steiners steht sein Bemühen, der Menschheit ein neues Verständnis für den Christus und seine Bedeutung für die Erden- und Menschheitsentwicklung zu vermitteln. Denn wie er immer wieder betont, sind die Zeiten vorüber, in denen es für die Menschenseele genügte, ein gefühlsmäßiges Verhältnis zu Christus zu haben. Von der Gegenwart an wird es mehr und mehr notwendig sein, Christus als ein kosmisches Wesen, als den Sonnengeist zu erkennen und zu verstehen.

So hat denn auch Rudolf Steiner über den Sonnengeist Christus in seinen Schriften und Vorträgen unzählige Male gesprochen und ihn von den verschiedensten Seiten her dargestellt, jedoch teilweise in so unterschiedlicher Art, daß es nicht immer leicht ist, seine Äußerungen ohne weiteres miteinander in Einklang zu bringen. Allerdings weist er auch immer wieder darauf hin, daß das Geheimnis um den Christus und sein Sich-Verbinden mit der Menschheit so umfassend und groß sei, daß die ganze Erdenentwicklung nicht ausreichen werde, dieses Geheimnis in allen seinen Tiefen zu ergründen.

«Keine Weisheit der Welt reicht aus, um wirklich zu verstehen, was im Beginne unserer Zeitrechnung in Palästina geschehen ist für die Menschheit und im Grunde genommen für die ganze Welt.»[1)]

«Höhere Fähigkeiten werden der Menschheit erstehen, und mit jeder neuen Fähigkeit werden wir den Christus in einem neuen Lichte ansehen.»[2)]

So dürfen wir also nicht erwarten, eine auch nur einigermaßen erschöpfende Antwort auf die Frage zu erhalten, wer der Sonnengeist Christus sei. Vielmehr müssen wir uns immer bewußt bleiben, daß wir uns heute mit unserem Begreifen nur erst ganz von ferne an das Geheimnis dieser erhabenen Wesenheit herantasten können, und daß der Eintritt des Christus in das Erdendasein noch unendliche Rätsel in sich birgt, deren Auflösung erst von einer fernen Zukunft zu erhoffen ist.

Immerhin sollten wir versuchen, uns mit der gebotenen Behutsamkeit und Ehrfurcht wenigstens schon in dem zurechtzufinden, was uns Rudolf Steiner als Ergebnis seines geistigen Schauens über die Christus-Erscheinung mitgeteilt hat. Fordert er uns doch selbst des öfteren auf, das, was er an Einzelhinweisen in seinen Vorträgen vorbringt, zusammenzuhalten und so zu einer immer umfassenderen Überschau zu gelangen.[3)] Wenn nachstehend der Versuch einer solchen Zusammenschau bezüglich des Sonnengeistes Christus gewagt wird, so mögen die sich dabei andeutenden Zusammenhänge *keinesfalls als endgültige* geisteswissenschaftliche Ergebnisse genommen werden, sondern als Anregung zu weiterem Nachsinnen über das Christus-Mysterium, das in seinen heiligen Tiefen ohnehin mit Menschenworten nicht zu umfassen ist.

## 2. Der Logos und der Christus

Von der Geistwesenheit, die als Christus das Mysterium von Golgatha vollbracht hat, heißt es am Anfang des Johannes-Evangeliums:

> Im Urbeginne war das Wort,
> und das Wort war bei Gott,
> und ein Gott war das Wort. ...
>
> Und das Wort ist Fleisch geworden
> und hat unter uns gewohnet,
> und wir haben seine Lehre gehört,
> die Lehre von dem einigen Sohne des Vaters,
> erfüllt von Hingabe und Wahrheit.
>
> (Übersetzung durch Rudolf Steiner)

In gleichem Sinne spricht auch Rudolf Steiner von dem Christus als dem Wort, dem Logos, dem Sohnesgott, dem urewigen schöpferischen Weltenwort:

«Was in dem Jesus von Nazareth als tiefste Wesenheit lebte, war nichts anderes als das, woraus auch alle anderen Wesenheiten entstanden sind, die um uns herum sind, – der lebendige Geist, das lebendige Wort, der Logos selbst.»[4)]

«Was ist Christus in seiner wahren Gestalt? Das göttliche Schöpfungswort, das auf die Erde heruntergestiegen ist bei der Johannes-Taufe, ... das Wort war Fleisch geworden.»[5)]

So ist der Christus, wie ihn Rudolf Steiner darstellt, unzweifelhaft der Logos, der sich durch das Mysterium von Golgatha wesenhaft mit der Erden- und Menschheitsentwicklung verbunden hat. «Er ist seit dieser Zeit der Herr der Himmelskräfte auf Erden und lebt als der Vollführer der väterlichen Taten des Weltengrundes», wie es im Bekenntnisgebet der Christengemeinschaft heißt.

In manchen Vorträgen spricht jedoch Rudolf Steiner von dem Christus nicht als dem Logos, sondern bezeichnet ihn als eine Hierarchien-Wesenheit, oder er spricht von ihm in einer Art, die nicht auf den Logos als das zweite Prinzip der göttlichen Trinität bezogen werden kann. Dies ist verständlich, wenn man bedenkt, daß eine solche höchste göttliche Wesenheit, wie es der Logos ist, dessen Kraft über alle Welten ausgebreitet ist und in allem Geschaffenen lebt, sich nicht unmittelbar in einem menschlichen Leibe verkörpern kann, sondern daß es dazu vermittelnder Zwischenglieder bedarf. So kann man sich vorstellen, daß dem Logos andere höhere Geistwesenheiten als Träger dienen, durch die er sich offenbart und durch die er wirkt. Der Geistesforscher kann dann seinen Blick entweder auf den Logos selbst richten oder auf eine der Wesenheiten, deren der Logos sich bei seinem Wirken als Christus bedient. So spricht auch Rudolf Steiner von Wesenheiten, die als Diener und spirituelle Gehilfen des Christus am Mysterium von Golgatha teilhatten:

«Wir sind ja davon durchdrungen, daß, seitdem das Mysterium von Golgatha in die Erdenereignisse eingegriffen hat, diejenigen Impulse, diejenigen Kräfte und Wesenheiten, welche durch dieses Mysterium von Golgatha ausgegangen sind, als lebendige Kräfte eingegriffen haben in alles Geschehen der Menschheitsentwicklung auf der Erde. ... In allen maßgebenden Ereignissen, in alledem, was sich als wichtig und wesentlich zugetragen hat, ist der Christus-Impuls darinnen tätig durch die, welche seine Diener, seine spirituellen Gehilfen sind.»[6)]

«Wer sind die dienenden Wesen für diese Christus-Wesenheit? Es sind nicht alle zu demselben Opfer gekommen; es sind nicht alle auf die Erde herabgestiegen und gestorben. Wesenheiten, angefangen von der Hierarchie der Angeloi bis hinauf in die höheren Hierarchien dienen dem Christus, der sich mit der Erdenentwicklung vereinigt hat.»[7)]

Diese Bemerkungen weisen schon darauf hin, daß außer der Christus-Wesenheit, die durch den Tod auf Golgatha gegangen ist, noch andere göttlich-geistige Wesenheiten an dem Geschehen auf

Golgatha beteiligt waren. Verwirrend ist dabei nur, daß manche dieser Diener und Gehilfen ebenfalls mit dem Christus-Namen bezeichnet werden. Das kann natürlich leicht zu Mißverständnissen führen.

Zunächst muß man ja schon auseinanderhalten die Persönlichkeit des Menschen Jesus von Nazareth und die göttliche Wesenheit des Christus, der sich bei der Johannes-Taufe im Jordan mit der Leiblichkeit des Jesus vereinigte und fortan bis zum Tode auf Golgatha als das göttliche Ich in diesem Menschen Jesus lebte. Der Christus Jesus ist der Christus in dem Jesus.

Des weiteren geht aus Äußerungen Rudolf Steiners hervor, daß er einen deutlichen Unterschied macht zwischen dem Logos und dem Christus, so wenn er z. B. in seinen «Briefen an die Mitglieder» spricht von dem «Logos, den Christus unter Menschen auf der Erde lebt»,[8] oder wenn er sagt: «Das Wort, der Logos, der erschienen ist in dem Christus».[9] Man müsse erkennen «die Bedeutung, was eigentlich gemeint ist, wenn geradezu von dem Christus als dem ‹Wort› gesprochen wird, mit dem er sich ganz identifiziert hat, durch das er wirkte, durch das er auch seine Heilungen und die Dämonen-Austreibungen bewirkte».[10] An anderer Stelle heißt es, daß der Christus Jesus ebenso wie zu den Vaterprinzipien des Weltenalls und zu dem, was als Geist die Welt durchwallt und durchwebt, auch zu dem in Beziehung stehe, «was man gewohnt worden ist, das Sohnesprinzip zu nennen».[11] Auch hier wird also unterschieden zwischen dem Christus Jesus und dem Sohnesprinzip, dem Logos. Noch deutlicher geht dies aus folgenden Worten hervor:

«Der Logos, er ist zunächst auch nur Schein gewesen. Nur dadurch, daß ihn der Christus zusammengefaßt hat, diesen Schein gewissermaßen in seiner eigenen Wesenheit verdichtet hat, ist durch das Mysterium von Golgatha der Scheinlogos als wirklicher Logos auf der Erde geboren worden.»[12]

Bei anderer Gelegenheit deutet Rudolf Steiner auf drei göttliche Wesenheiten hin, von denen in den Evangelien als dem Christus gesprochen werde:

«Markus ... schildert die Sonnen-Aura, die Große Aura, den Lichtleib, das geistige Licht, das durch die Weltenräume wirkt, und das hereinwirkt in die Gestalt des Christus Jesus. Er beginnt daher gleich mit der Johannes-Taufe, wo heruntersteigt das Weltenlicht. Und im Johannes-Evangelium wird uns die Seele dieses Sonnengeistes geschildert, der Logos, das Sonnenwort, das Innere. Daher ist das Johannes-Evangelium das Innerlichste der Evangelien.»[13)]

Diese Bemerkung stellt einen wichtigen Schlüssel zum Verständnis der Christus-Erscheinung dar. Es wird hier von dem Christus Jesus, d.h. von dem Christus in dem Jesus, einmal unterschieden die Sonnen-Aura, das Weltenlicht, das in den Christus Jesus hereinwirkte, und dann weiter noch das Innere, die Seele dieses Sonnengeistes: der Logos, das Sonnenwort. So erweist sich uns die Erscheinung des Christus in dem Jesus als ein Zusammenwirken von Wesenheiten verschiedener Art.

# 3. Der Christus-Erzengel

Wer ist zunächst dieser Christus, der in dem Jesus von Nazareth lebte und in den die beiden anderen göttlichen Wesenheiten, der Sonnengeist und der Logos, hereinwirkten? Da werden wir auf eine Erzengel-Wesenheit verwiesen. Von einer solchen spricht Rudolf Steiner als dem Christus im Zyklus «Die Theosophie des Rosenkreuzers». Da wird geschildert, wie auf der alten Sonne gewisse Wesenheiten ihre Menschenstufe durchmachten; sie werden Sonnen- oder Feuergeister genannt.

«Diese Sonnen-Feuergeister hatten schon das Ich-Bewußtsein. Sie haben sich seither weiter entwickelt und höhere Bewußtseinsstufen erstiegen. Man nennt sie in der christlichen Esoterik Erzengel. Und der am höchsten entwickelte Geist, der auf der Sonne war als Feuergeist, der sich heute noch auf der Erde betätigt mit höchstentwickeltem Bewußtsein, – dieser Sonnen- oder Feuergeist, das ist der Christus. ... Für die christliche Esoterik war daher in dem fleischlichen Leibe des Christus Jesus ein solcher Sonnen-Feuergeist verkörpert, und zwar der höchste, der Regent der Sonnengeister. ... So haben wir es zu tun auf der Sonne mit einem Leibe des Sonnenplaneten, mit Ich-Geistern, die Feuergeister sind, und mit einem Regenten dieser Sonne, dem höchstentwickelten, dem Christus.»[14)]

Etwas weiter im gleichen Vortrag wird dieser Erzengel nochmals als der «höchste Regent, der höchste Gott der Sonne, der Sonnengott» bezeichnet. Ebenso heißt es in dem darauffolgenden Vortrag: «Die Geister des Feuers hatten auf der Sonne als Anführer den Christus, im Sinne des Johannes-Evangeliums den Logos.» Und im 14. Vortrag des genannten Zyklus erwähnt Rudolf Steiner diese Christus-Erzengel-Wesenheit wiederum da, wo er den Weg der christlichen Einweihung beschreibt:

«Man muß wenigstens die Möglichkeit des Glaubens in sich tragen, daß diese höchste Individualität, dieser Führer der Feuergeister der Sonnenzeit, als Jesus von Nazareth physisch verkörpert war. ... Also derselbe Geist, der der Beherrscher der Feuergeister war, der mit der Umgestaltung der Erde verbunden war, den wir auch den Geist der Erde nennen, der hat wirklich unter uns gewohnt in einer fleischlichen Hülle; er war wirklich darinnen in einem physischen Leibe.»

Mit diesen Feuergeistern der Sonnenzeit sind nicht, wie man vielleicht annehmen möchte, die Geister der Form gemeint, die auf der alten Sonne ihre Entwicklung als Erzengel durchmachten, sondern diejenigen Geistwesenheiten, die gegenwärtig auf der Erzengelstufe stehen, während sie im alten Sonnendasein auf der Menschenstufe standen, also ihr Ich auszubilden hatten. Dies wird auch noch in einem anderen Vortrag ausdrücklich gesagt, in welchem ebenfalls der Anführer dieser Feuergeister Christus genannt ist:

«Manches Wort des Johannes-Evangeliums kann Ihnen erst verständlich werden, wenn Sie es von diesem Gesichtspunkt aus auffassen. Man braucht nur auf eines hinzuweisen: Wenn Sie den Ausspruch ‹Ich bin das Licht der Welt› wörtlich nehmen, so liegt darin angedeutet, daß er der große Sonnenheld ist, daß er das Licht, das der Sonne angehört, zu seiner Wesenheit hat. Wir nennen das ganze Heer der Geister, deren Anführer der Christus ist, die Feuergeister und wir sagen: Auf der Menschenstufe standen ... während des Sonnendaseins die Feuergeister, deren höchsten Repräsentanten man als Logos oder Wort bezeichnet. Daher wird der Christus selbst als das ‹Wort› bezeichnet, das am Anfang, im Urbeginne war.»[15)]

Noch in einem weiteren Vortrag wird dieser Christus-Erzengel, der sich mit den Leibeshüllen des Jesus von Nazareth vereinigte, das «Wort» genannt:

«Was eingezogen ist in den physischen Leib, Ätherleib und Astralleib des Jesus von Nazareth, das ist dieser Feuergeist, ... das ist Christus, ... das nannte Johannes das göttliche Schöpfungswort. Das göttliche Schöpfungswort ist dieser Feuergeist.»[16)]

Es versteht sich von selbst, daß diese Bezeichnung des höchstentwickelten Feuergeistes der alten Sonne als Logos oder Wort nur in übertragenem Sinne gemeint sein kann, da der Logos als das zweite Prinzip der Trinität nicht ein Erzengel ist. Dieser Führer der Erzengel erscheint hier als der Träger, der Repräsentant des Logos. Warum dies so ist, werden wir noch sehen.

In dem «fleischlichen Leibe» des Jesus von Nazareth war somit der höchstentwickelte Geist aus der Hierarchie der Erzengel «physisch verkörpert», d.h. er lebte mit seinem göttlichen Ich wie ein Mensch in dem physischen Leibe des Jesus, durchdrang diesen physischen Leib mit seiner Seele und wirkte durch ihn auf Menschenart. So konnte er dem Logos als Träger und Mittler dienen. Diesem Umstand, daß der Christus-Erzengel durch einen physischen Menschenleib gewirkt hat, kommt besondere Bedeutung zu:

«Was er (der Christus) dargelebt hat und der Welt gegeben hat während der drei Jahre, das hat er durch den physischen Leib gegeben. Durch die überphysischen Leiber haben die anderen Initiierten der Menschheit gegeben, was sie zu geben hatten. In dem Christus haben wir die einzige Individualität, die alles, was sie gegeben hat, was sie gesprochen hat, was von ihr ausgegangen ist in die Menschheitsentwicklung, durch den physischen Leib und nicht durch die höheren Leiber gegeben hat.»[17)]

Wenn dieser Führer der Feuergeister der alten Sonnenzeit der Regent der Sonne genannt wird, so ist dies wohl in gleichem Sinne zu verstehen, wie auch der Mensch nach den ursprünglichen Absichten der fortschreitenden Götter zum Regenten der Erde bestimmt war. Als solchen würde man entsprechend den höchstentwickelten Menschen bezeichnet haben. «Denn es ist ja eigentlich dadurch, daß der Mensch gefallen ist, der eigentliche Regent der Erde nicht da.»[18)]

Die Erzengel waren es auch, die unter der Führung des Christus-Erzengels in der hyperboräischen Zeit der Erdenentwicklung die Sonne aus der Erde herauszogen.

«Es mußte durch die Tat der Feuergeister die Sonne aus der Erde herausgehoben und zu ihrem Schauplatz gemacht werden. ... Nur solche Wesenheiten, die schon zwei Stufen höher stehen als der Mensch, können ein solches Dasein, wie es das Sonnendasein ist, vertragen.»[19)]

«Der Führer dieser Sonnenwesenheiten ist ja der Christus, und er ist derjenige, der als der Führer der Sonnenwesenheiten hinausgeht mit der Sonne, als diese sich von der Erde abspaltet.»[20]

*

Christus konnte sich als Erzengelwesen «das Licht der Welt» nennen, weil die Erzengel von der alten Sonne her ein besonderes Verhältnis zum Licht haben.

«Sie hätten die Erzengel (auf der alten Sonne) angetroffen in Leibern, gewoben aus Gas, Feuer und Licht. Durch das Licht lebten sie ein Leben nach außen, strömten sie in den Weltenraum hinaus die leuchtende Kraft. ... Alles, was selbstleuchtend ist in unserem Weltenraum, das sendet in den Weltenraum mit dem Licht auch hinaus das Leben von geistigen Boten: Archangeloi. ... Sie haben sich in einer gewissen Beziehung schon auf der alten Sonne dazu heranentwickelt, daß sie dem Weltenraum das Licht geben können.»[21]

Warum die Erzengel als Lichtspender bezeichnet werden, geht aus dem Zyklus «Die Evolution vom Gesichtspunkt des Wahrhaftigen» hervor, wo gewisse Vorgänge auf der alten Sonne geschildert werden. Wie auf dem alten Saturn die Throne ihre Willenssubstanz für das Weltenwerden hingegeben hatten, so opferten auf der alten Sonne die Geister der Weisheit ihre Wesenssubstanz. Auch sie «schenkten ihr eigenes Wesen an ihre Umgebung». «Diese Geister haben als ihren Hauptcharakterzug die schenkende, gnadewirkende, gebende Tugend. ... Sie sind die großen Schenkenden, die großen Gebenden des Weltenalls.»[22]

«Wir haben uns zu denken: Von einem Zentrum ausgehend das, was von den Geistern der Weisheit kommt. Das wird ausgestrahlt nach allen Seiten, wird aufgefangen von den Erzengeln und zurückgestrahlt. Was da ausstrahlt in den Weltenraum hinein, ist das Geschenk der Geister der Weisheit. Und was da die Ausstrahlung der Geister der Weisheit zurückleitet, das ist das Licht, und die Erzengel sind damit zugleich die Schöpfer des Lichtes. Licht ist eben so wenig das, als was es uns in der äußeren Illusion erscheint; sondern wo Licht auftritt, haben wir die zurückgestrahlten Gaben der Geister der Weisheit. Und die Wesen, die wir überall hinter dem Licht vermuten müssen, das sind die Erzengel. Daher müssen wir sagen: Trifft uns ein Licht, so stecken dahinter die Archangeloi.»[22)]

So sind die Erzengel die Schöpfer und Träger des Lichtes, welches den Weltenraum durchflutet und uns als physisches Licht erscheint. In diesem Vortrag wird dann auch auf den Zusammenhang des Christus mit diesen Vorgängen hingedeutet:

«Und wir werden nun sehen, daß aus diesem Milieu geboren wird, was auf der Erde als Christus-Wesenheit aufgetreten ist. Und wir werden nur verstehen, was auf die Erde durch die Christus-Wesenheit gebracht wird, wenn wir uns aneignen den Begriff der schenkenden Tugend, der gnadewirkenden Tugend in ihrer Zurückstrahlung in dem Lichte des Weltenalls, in der inneren Substanz des Sonnenmäßigen, die durchdrungen und durchleuchtet ist von diesem Licht.»[22)]

Diese gnadewirkende Tugend der Geister der Weisheit, wie sie sich in ihrer Zurückstrahlung in dem Lichte des Weltenalls offenbart, lebte in dem Christus-Erzengel bei seinem Herabstieg auf die Erde. So konnte er sagen: Ich bin das Licht der Welt! Natürlich kann ein solcher Ausspruch auch noch in anderem Sinne verstanden werden. So ist nach Rudolf Steiner das äußere Sonnenlicht auch die reinste physische Offenbarung des Logos.

Das enge Verhältnis der Erzengel zum Feuer, zur Wärme, spricht sich schon in ihrer Benennung als Feuergeister aus. Durch diese Beziehung des Christus-Erzengels zur Wärme war es ihm auch möglich, unmittelbar auf die Blutwärme des Menschen und durch diese Blutwärme auf sein Ich einzuwirken.

«Erinnern Sie sich, wie ich dargestellt habe, daß in vorherigen Zeiten höhere Wesenheiten herabgestiegen sind und beseelt haben den menschlichen physischen Leib, den Ätherleib und den Astralleib. Jetzt trat ein Individuum auf, welches aufnahm in sich die höchste Wesenheit, die zunächst mit unserem Sonnendasein verbunden war, und die bis in das Ich hinein inspirierend einwirkte. Das Ich findet seinen Ausdruck im Blut. Gerade so wie das Blut als materieller Stoff der Ausdruck des Ich ist, so ist die Blutwärme, das Blutfeuer – sozusagen der zurückgebliebene Rest des alten Saturnfeuers – der Ausdruck des Ich in den Elementen. In Zweierlei mußte sich diese Wesenheit zum Ausdruck bringen: zuerst in dem Feuer. Es kündigt sich dem Moses an im Feuer – im brennenden Dornbusch und in dem Blitz auf dem Sinai. ... Und sie bereitet ihr Kommen vor und erscheint dann in einem Blut-tragenden Leibe, in dem Jesus von Nazareth. ... Dieses Wesen, das bis in das Ich vordringt, das ist anderer Art als die anderen Wesenheiten, die früher hernieder gestiegen sind auf die Erde, und welche den physischen, den Ätherleib und den Astralleib beseelt haben.»[23)]

Und wie die Erzengel auf der alten Sonne in Luftleibern lebten, so haben sie auch in unserem gegenwärtigen Erdendasein noch eine Beziehung zur Luft insofern, als sie in dieser sozusagen ihre physische Leiblichkeit haben.[24)]

«Diese Wesen brauchen in gewisser Beziehung unsere Erde. Die Engel brauchen das Wasser, die Erzengel die Luft und die Geister der Persönlichkeit das Feuer. ... (Es) leben in dem, was wir als das Luftelement kennen und vorzugsweise in unserer Luft diejenigen Wesenheiten, die wir die Erzengel nennen. Und es ist durchaus nicht ein Märchen, eine bloße Sage, wenn wir in der dahinströmenden Luft, in dem dahinbrausenden Sturm die leibliche Offenbarung dieser geistigen Reiche sehen.»[25)]

So kann man die Erzengel, die auf der alten Sonne ihre Menschenstufe durchgemacht haben, und die mit den Sonnenelementen Wärme, Luft und Licht eng verbunden sind, als die eigentlichen Sonnengeister ansehen.

*

Warum aber wird dieser Anführer der Erzengelwesen auf der alten Sonne der Logos, das «Wort» genannt? Auf dieser alten Sonne hatte sich eine Wesenheit, die von Rudolf Steiner der Christus genannt wird, zu einer besonders hohen Stufe hinaufentwickelt, sodaß sie unmittelbar eins werden konnte mit dem göttlichen Weltenwort selbst. Über diesen Vorgang findet sich eine anschauliche Schilderung in dem Zyklus «Der Mensch im Lichte von Okkultismus, Theosophie und Philosophie». Da heißt es, daß in dieser Sonnenzeit der Christus – im Gegensatz zu Luzifer –

... «ein Bild vollster Hingabe ist an alles, was ringsherum sonst in der weiten Welt ist, ... wie hingegeben an alles, was ihn im weiten Weltenall umgibt. So wie es heute ist, war dieses Weltenall nicht. Wenn man sich heute auf die Sonne versetzte, würde man ja, radial ausschauend, zunächst die zwölf Sternbilder des Tierkreises erblicken. Die waren in äußerer Sichtbarkeit damals als solche nicht vorhanden. Dafür aber waren vorhanden zwölf Gestalten, zwölf Wesenheiten, die, da ja der äußere Raum nicht von Licht erfüllt war, aus der Tiefe der Finsternis heraus ihre Worte erschallen ließen. Was waren das für Worte? Ja, sehen Sie, das waren Worte – und das Wort ‹Wort› ist wiederum nur ein Surrogat, um das anzudeuten, um was es sich handelt – das waren Worte, die verkündeten von uralten Zeiten, damals schon uralten Zeiten. Das waren zwölf Welt-Initiatoren. Heute stehen in der Richtung dieser zwölf Welt-Initiatoren die zwölf Tierkreisbilder, und von ihnen aus tönt der Seele, die der ganzen Welt aufgeschlossen ist, die ursprünglichste Art des unaussprechlichen Weltenwortes, das aus den zwölf Stimmen gebildet werden konnte. ...

(Es) gab sich der Christus dem Eindruck dieses Weltenwortes unaussprechlicher Art hin und nahm es ganz, ganz in sich auf. Sodaß diese Christus-Seele jetzt das Vereinigungswesen war der großen, durch das unaussprechliche Wort hineintönenden Weltgeheimnisse. ... Aufgenommen hatte der Christus während der alten Sonnenzeit das Weltenwort. Und dieses Weltenwort hat die Eigenschaft, daß es sich in der Seele, von der es aufgenommen wird, zu erneuertem Lichte entzündet, sodaß von der alten Sonnenzeit an das Weltenwort in dem Christus Licht wurde.

Vorwärts ging und ein vorwärts sich entwickelnder Geist wurde der Christusgeist, der Sonnengeist, der endlich in der öfter geschilderten Gestalt auf der Erde auftreten konnte. Durch seine Hingabe an das Weltenall, durch die Aufnahme des göttlich-schöpferischen Wortes, durch die Identifizierung mit dem göttlich-schöpferischen, mit dem unaussprechlichen Wort, und durch den Ersatz eines jeglichen Stolzes durch die Hingabe an das Weltenwort wurde der Christus aus dem Herrscher eines Planeten, der er war in der alten Sonnenzeit, der Herrscher über die anderen Planeten.»[26)]

So konnte dieser Sonnengeist wegen seines Einswerdens mit dem Weltenwort, dem Logos, und als dessen Träger und Repräsentant selbst Logos oder Wort und der höchste Gott der Sonne genannt werden. Er ist durch seine Vereinigung mit dem Logos der lenkende Geist unseres ganzen Sonnensystems geworden. Der hier geschilderte Vorgang der Vereinigung des Weltenwortes mit dem führenden Sonnengeist bedeutet aber zugleich auch die wesenhafte Verbindung des Logos mit der alten Sonne als Vorbereitung seines späteren Herabstiegs auf die Erde. *Das Weltenwort wurde Sonnenwort!*

Nun wird zwar Christus in diesem Vortrag nicht ausdrücklich als eine Erzengel-Wesenheit bezeichnet. Doch muß man wohl annehmen, daß es sich hier um die gleiche Wesenheit handelt, die Rudolf Steiner auch in anderen Vorträgen den Sonnengeist, den Herrscher der Sonne und den höchsten Gott der Sonne nennt. Zudem wird – und das ist wohl das Entscheidende – keine andere *einzelne* Wesenheit der höheren Hierarchien von Rudolf Steiner so betont Logos oder Wort genannt wie dieser Sonnen-Feuergeist, der Anführer der Erzengel auf der alten Sonne.

In einem anderen Vortrag des gleichen Zyklus sagt Rudolf Steiner von der Christus-Wesenheit, sie sei «zu dem großen Opfer bereit gewesen, innerhalb eines menschlichen Leibes nur von den spezifisch menschlichen Kräften Gebrauch zu machen, und ihren ganzen Zusammenhang mit dem Göttlichen durch spezifisch menschliche Kräfte zum Ausdruck zu bringen».[27)] Da er mit diesem Christus wohl die gleiche Wesenheit im Auge hat, von der er im darauffolgenden Vortrag sagt, daß sie mit dem Weltenwort eins geworden sei, deutet auch dies darauf hin, daß es sich hier um den Christus-

Erzengel handelt, der in der fleischlichen Hülle des Jesus von Nazareth physisch verkörpert war.

So lebte und wirkte in dem Sonnen-Feuergeist, der später als Christus auf der Erde erschien, von der alten Sonnenzeit an der Logos unmittelbar, indem er den Erzengel als dessen höheres Wesen erfüllte. Auf den besonderen Zusammenhang des Christus mit der alten Sonne weist Rudolf Steiner ja wiederholt hin:

«Wir wissen, daß die Christus-Wesenheit verstanden werden kann, wenn wir die Evolution unseres Systems zurückverfolgen bis zur alten Sonnenzeit. Und bei verschiedenen Gelegenheiten wurde aufmerksam gemacht darauf, ... daß für die eigene Entwicklung dieser hohen geistigen Wesenheit insbesondere die alte Sonne wichtig gewesen ist.»[28)]

«Wir können bis in die Saturnsphäre hinausgehen, und wir haben darin das, was sich erst zwischen der alten Monden- und der Erdenzeit im Kosmos herausgebildet hat. Wenn wir aber den Christus-Impuls nehmen, so gehört er nicht zu dem, was sich während dieser Zeit im Kosmos herausgebildet hat, sondern zu dem, was schon der alten Sonne angehört hat. ... Was uns aus dem Christus-Impuls zukommt, das kommt von der alten Sonne herüber.»[29)]

*

Ein weiterer Zusammenhang zwischen dem Erscheinen des Christus auf der Erde und der Hierarchie der Erzengel ergibt sich aus Folgendem: Wie Rudolf Steiner wiederholt darlegt, mußte der Christus-Impuls in der Zeit in die Menschheitsentwicklung einfließen, in der das menschliche Ich in der Verstandes- oder Gemütsseele zu sich selbst zu erwachen begann. So heißt es,

«daß die Christus-Wesenheit in einem Menschen der Erde sich nicht früher verkörpern konnte, nicht früher Platz haben konnte in diesem Menschen, als bis die Verstandesseele vollständig geboren worden war.»[30)]

«(Christus) erschien in der griechisch-lateinischen Zeit, in welcher die Verstandesseele ausgebildet worden ist. ... Bis zur Verstandesseele mußte der Mensch normalerweise heraufdringen, dann konnte der Christus-Impuls auf ihn ausgeübt werden.»[31)]

Im einzelnen Menschenleben zwischen Geburt und Tod werden die menschlichen Wesensglieder in siebenjährigen Abständen von ihren Mutterhüllen frei. So löst sich die Verstandesseele um das 28. Lebensjahr von ihrer seelischen Mutterhülle los und kann sich dann frei entfalten. Die Persönlichkeit des Jesus von Nazareth wurde in annähernd gleichem Lebensalter, nämlich in ihrem 30. Lebensjahre, von der Christus-Wesenheit durchdrungen.

«Es ist nicht zufällig, daß das Mysterium von Golgatha bei dem Christus Jesus gerade in diesen Zeitraum hineinfiel, zwischen dem 28. und 35. Jahr, sondern das ist für den, der diese Zusammenhänge durchschaut, selbstverständlich. Es mußte gerade in den Zeitraum hineintreten, welcher der Entwicklung der Verstandesseele entspricht.»[32)]

Nun steht aber die menschliche Verstandesseele in einer besonders engen Beziehung zur Hierarchie der Erzengel. Die Verstandesseele ist eine Art Zwischenglied, ein schwaches Vorbild dessen, was später einmal der Lebensgeist, der vergeistigte Ätherleib sein wird. Man kann deshalb die Verstandesseele in gewissem Sinne als einen in der Umwandlung zum Lebensgeist begriffenen Teil des Ätherleibes ansehen. Auch die Erzengel erleben sich gegenwärtig auf höherer Stufe in der Umbildung ihres Ätherleibes zum Lebensgeist. Daraus ergibt sich eine innige Beziehung der Erzengel zu den menschlichen Ätherleibern, in denen sie unter anderem als Volksgeister und als Sprachgeister wirken. Ja, die menschlichen Ätherleiber werden geradezu als eine Art «Ausstülpung» des Reiches der Erzengel bezeichnet. Diese «senden gleichsam einen Teil ihres Wesens nach dem Menschenreich hin und konstituieren dadurch den menschlichen Ätherleib zeit seines Lebens.»[33)]

Angesichts dieses besonderen Verhältnisses der Erzengel-Hierarchie zum menschlichen Ätherleib erscheint auch die Einsenkung der Christus-Wesenheit in den Ätherleib des Jesus von Nazareth in einem bedeutsamen Licht. So spricht Rudolf Steiner von dem «göttlichen Schöpfungswort, ... das zuerst herniedergestiegen ist bei der Johannes-Taufe in einen menschlichen Ätherleib».[5] Selbstverständlich hat sich die Christus-Wesenheit nicht nur in den Ätherleib des Jesus von Nazareth hineingesenkt, sondern auch in dessen andere Wesensglieder. Wenn hier die Einsenkung in den Ätherleib hervorgehoben wird, so soll damit offenbar auf den besonderen Zusammenhang des Christus mit diesem menschlichen Wesensgliede hingewiesen werden, und dieser Zusammenhang ist eben dadurch gegeben, daß in den Jesus von Nazareth eine Erzengel-Wesenheit einzog, die in der Umwandlung ihres Ätherleibes zum Lebensgeist begriffen war oder vielmehr diese Umwandlung für sich schon vollzogen hatte.

«Als jene Wesenheit, die wir als den Jesus von Nazareth geschildert haben, den physischen Leib im Moment der Johannes-Taufe verließ, ... da senkte sich in den Ätherleib dieser Individualität hinein die Christus-Wesenheit. ... Was ist das Unterste bei dieser Christus-Wesenheit? Von unten herauf ist es der Ätherleib. Das heißt: Wenn einmal der Mensch durch Geistselbst seinen ganzen astralischen Leib umgearbeitet haben wird und hineinwirken wird in den Ätherleib, dann wird er in diesem Ätherleib in einem Element arbeiten, in dem der Christus schon dazumal gearbeitet hat.»[2]

Der erste, der einen Ätherleib besaß, der ganz durchsetzt war vom Lebensgeist, war der Christus Jesus.[34]

Alle diese Zusammenhänge weisen wieder darauf hin, daß in dem Christus-Jesus eine Erzengel-Wesenheit lebte.

Auch die Bezeichnung des Christus als einen *Sonnenhelden* läßt auf eine Erzengel-Wesenheit schließen. In den alten persischen Mysterien nannte man einen Sonnenhelden den Menschen, in dem durch Einweihung die Kraft des Lebensgeistes erweckt war. In der christlichen Esoterik wird ein Eingeweihter dieser Stufe Sohn oder Wort genannt.

«Da stellte man sich vor, daß nun nicht mehr nur eine einzelne individuelle Menschenseele in ihm lebte, sondern daß in einem solchen etwas aufgegangen war von der universellen Seele, die das ganze Universum durchflutet. Diese Universalseele, die das ganze Universum durchflutet, nannte man in Griechenland Chrestos, und sie ist bei den erhabenen Weisen des Orient als die Budhi bekannt.»[35]

Beim Menschen kann durch Einweihung nur die Kraft des Lebensgeistes erweckt werden. Die Erzengel dagegen entwickeln den Lebensgeist in aller Wirklichkeit als ihr eigenes höheres Wesensglied. Ein Erzengel ist ein wirklicher Sonnenheld, während der Eingeweihte nur der menschliche Repräsentant eines solchen ist. Wenn also Christus der «große Sonnenheld» genannt wird,[15] so ist auch damit auf ein Erzengelwesen hingewiesen.

*

In einem seiner Londoner Karma-Vorträge[36] sagt Rudolf Steiner, Christus habe bei seinem Herabstieg von der Sonne zur Erde sein höchstes Wesensglied, den Geistesmenschen, auf der Sonne und seinen Lebensgeist im Erdenumkreis zurückgelassen und nur sein Ich mit dem Geistselbst mit zur Erde gebracht. Das Fortgehen des Christus von der Sonne sei ein Vorgang gewesen, der polarisch entgegengesetzt dem Fortgang des Menschen von der Erde durch den Tod entspreche. Christus starb kosmisch von der Sonne zur Erde herab. Wie der Mensch, wenn er stirbt, seinen physischen Leib auf der Erde zurückläßt, so Christus dasjenige höhere Wesensglied, das dem physischen Leib entspricht, den Geistesmenschen, auf der Sonne. Der Mensch übergibt dann bald nach dem Tode seinen Ätherleib dem kosmischen Äther; Christus sein dem Ätherleib entsprechendes höheres Glied, den Lebensgeist, dem Erdenäther im Erdenumkreis. Und wie der Mensch schließlich mit dem Ich und dem Astralleib in die eigentliche geistige Welt, das Devachan, eintritt, so trat Christus mit seinem Ich und dem Geistselbst, dem umgewandelten Astralleib, in die Erdensphäre ein. Auch dies deutet wieder auf eine Erzengelwesenheit hin, die der Träger des Logos war. Denn wenn man auch bei dem Logos das Vorhandensein von Wesensgliedern annehmen wollte, müßten diese als weit über dem Geistesmenschen liegend gedacht werden.

In einem anderen Vortrag bemerkt Rudolf Steiner, Christus ei als kosmisches Geistselbst mit der Bewußtseinsseele des Jesus verbunden gewesen.[37)] Schon Zarathustra hatte in seinen Seherzuständen erkannt, daß der Führer der Sonnenwesen erst auf die Erde herabsteigen konnte, wenn er im Astralleibe eines Menschen leben konnte. «Es mußte ein Mensch dazu erscheinen, der den Astralleib wieder auf eine solche Stufe zurückverwandelt hatte, wie sie dieser ohne Luzifer zu einer gewissen anderen Zeit (in der Mitte der atlantischen Zeit) erlangt haben würde.» (Geheimwissenschaft) Die Bewußtseinsseele ist das höchste der drei Seelenglieder, die der Mensch bisher unbewußt innerhalb seines Astralleibes ausgebildet hat. Indem nunmehr er vom Ich aus bewußt seinen Astralleib läutert und umwandelt, entwickelt er innerhalb der Bewußtseinsseele vorbereitend das Geistselbst als erstes höheres, geistiges Glied.[38)] In den Hüllen des nathanischen Jesus hatte von dessen 12. bis zum 30. Lebensjahre das Zarathustra-Ich gelebt und diese Hüllenglieder auf eine so vollkommene Stufe hinaufgehoben, daß die Bewußtseinsseele dieses nathanischen Jesus fähig war, ein Geistselbst in sich aufzunehmen (Näheres hierüber siehe Abschnitt 7). Und zwar war es das kosmische Geistselbst des Christus, das sich jetzt mit der Bewußtseinsseele des Jesus verband. So vollzog sich die sonst so schwer zu verstehende Vereinigung der Geistnatur einer göttlich-geistigen Wesenheit mit der menschlichen Natur des Jesus von Nazareth. Das konnte aber nur durch eine solche höhere Geistwesenheit geschehen, die, wie der Christus-Erzengel, das Geistselbst als eigenes Wesensglied besaß.

*

Daß eine Erzengel-Wesenheit dem Logos bei seinem Erscheinen auf der Erde als Träger und Mittler gedient hat, kann schließlich auch aus einem Ausspruch des Apostels Paulus in seinem Brief an die Epheser (Kap. 1, Vers 20/21) entnommen werden, wo er auf eine

Art Rangerhöhung des Christus nach seiner Auferstehung hinweist:

Der Vatergott erhöhte Christus zum Gebieter über alle Urkräfte, alle Offenbarer, alle Weltenkräfte und alle Weltenlenker. (Übersetzung von E. Bock)

Urkräfte sind die Archai oder Geister der Persönlichkeit, die unmittelbar über den Erzengeln stehende Hierarchie. Offenbarer sind die Geister der Form, die Elohim, Weltenkräfte die Geister der Bewegung und Weltenlenker die Geister der Weisheit. Auf den Logos kann sich dieser Hinweis des Apostels Paulus nicht beziehen, weil dieser über allen Hierarchien steht. So kann nur der Christus gemeint sein. Wenn nun Christus über die Urkräfte erhöht worden ist, muß er vorher der nächstniedrigeren Hierarchie angehört haben, der Hierarchie der Erzengel. Und erhöht worden ist er über die Weltenlenker, somit zu einem Wesen des Reiches der Throne. Paulus wußte also um dieses Geheimnis der Erzengel-Wesenheit in dem Christus Jesus.

Der Durchgang durch das Mysterium von Golgatha bedeutete demnach für den Christus-Erzengel einen gewaltigen Aufstieg in eine höhere Weltregion, ein Beweis, welche Bedeutung dieser Wesenheit im Zusammenhang mit dem Geschehen auf Golgatha zukommt. Auf einen solchen Aufstieg des Christus weist auch Rudolf Steiner hin: «Es war für den Christus ein Fortschritt, Menschengestalt anzunehmen.»[39]

«Das, was der Christus als göttliche Wesenheit getan hat in dem Leibe des Jesus von Nazareth, das haben wir bisher geschildert in seiner Wirkung und in seiner Frucht für die Menschheit. Jetzt aber fragen wir uns: Hat der Christus dadurch auch in sich selber etwas erlebt, was ihn zu einer höheren Stufe geführt hat? Ja, das hat er. Auch göttlich-geistige Wesenheiten erleben etwas, was sie zu einer höheren Stufe führt. Das aber, was er erlebt hat, sein Hinaufsteigen in eine noch höhere Welt als die, in der er vorher war, das ließ er denen, die seine Genossen auf der Erde waren, erscheinen als seine Himmelfahrt.»[40]

Hier wird also die Imagination der Himmelfahrt des Christus

als Aufstieg des Christus-Erzengels in eine höhere Region des Weltendaseins gedeutet.

*

Es war somit eine Erzengel-Wesenheit, die dem Logos bei seinem Erscheinen auf der Erde als Träger und Mittler diente, und die als Christus in dem Jesus von Nazareth drei Jahre hindurch in Menschengestalt auf der Erde lebte. Von dieser Erzengel-Wesenheit spricht Rudolf Steiner in seinen Vorträgen oft, auch wo dies nicht ohne weiteres ersichtlich ist. Insbesondere hat er diese Geistwesenheit meist da im Auge, wo er Christus als eine einzelne Hierarchien-Wesenheit darstellt ohne nähere Angabe über die Art der betreffenden Hierarchie. Auch wo er auf die Bedeutung der alten Sonnenzeit für die Entwicklung des Christus hinweist, bezieht sich dies vielfach auf diese Erzengel-Wesenheit.

Dieser Christus-Erzengel hatte sich schon von der alten Sonnenzeit her auf seine Mission vorbereitet, indem er sich ganz dem Logos hingab und diesen als sein höheres Wesen in sich aufnahm. Und als der Logos sich anschickte, selbst auf die Erde herabzusteigen, konnte ihm dieser Christus-Erzengel wegen seiner vielfachen Beziehungen zur menschlichen Natur des Jesus von Nazareth als Mittler dienen, indem er sich bei der Jordan-Taufe physisch-leiblich mit diesem Jesus verband und so dem Logos die Möglichkeit bot, wesenhaft in das Erden- und Menschenleben einzutreten.

Auch nach dem Mysterium von Golgatha ist diese Erzengel-Wesenheit weiterhin Träger des Logos und damit des Christus-Impulses geblieben, denn von ihm, dem Anführer der Sonnen-Feuergeister, wird ja, wie angegeben, gesagt, daß er «sich heute noch auf der Erde betätigt mit höchstentwickeltem Bewußtsein», daß «die Erde sein Leib ist heute, wie dazumal die Sonne sein Leib war», sodaß «wir ihn den Geist der Erde nennen» können.[14)] So ist dieses Erzengelwesen, das – nach dem Apostel Paulus – jetzt zu den Geistern der Throne zählt, auch gegenwärtig noch diejenige göttliche Wesenheit, durch die der Logos unmittelbar in der Erden- und Menschheitsentwicklung lebt und wirkt.

# 4. Der hohe Sonnengeist Christus

Nach der angeführten Bemerkung Rudolf Steiners über das Markus- und das Johannes-Evangelium[13] wirkte in den Christus-Jesus, also in den Christus-Erzengel in dem Jesus von Nazareth, nicht nur der Logos, das Welten- oder Sonnenwort herein, sondern außerdem noch eine andere hohe Geistwesenheit, die genannt wird der Sonnengeist, die Sonnen-Aura, die Große Aura, der Lichtleib (des Logos), das Weltenlicht, das geistige Licht, das durch die Weltenräume wirkt. Die Art der Kennzeichnung dieser Wesenheit deutet schon darauf hin, daß es sich bei ihr um eine besonders erhabene Erscheinung aus der Welt der göttlich-geistigen Wesenheiten handeln muß.

Dieser «Hohe Sonnengeist Christus», wie man diese Wesenheit zum Unterschied zu dem anderen Sonnengeist, dem Christus-Erzengel, nennen kann, und wie ihn auch Rudolf Steiner oft nennt, trägt den Logos als sein Innenwesen in sich, ist mit ihm eins und bringt ihn zur Erscheinung.

«Daher spricht die persische Legende, ... wenn sie vom astralischen Leib der Sonne spricht, von Ahura Mazdao; aber sie spricht auch von dem Sonnenwort, das man dann in der griechischen Übersetzung den Logos genannt hat. ... Wie durch den Ton ein Seelisches sich ausdrückt, so dringt durch das Mittel der Sonnen-Aura das Sonnenwort, der Sonnenlogos. Und das konnte Zarathustra der Menschheit versprechen, daß kommen werde einst aus den göttlich-geistigen Sphären die Große Aura, das Lichtwesen, und daß die Seele dieses Lichtwesens das Sonnenwort sein werde.»[13]

«Daher sagte Zarathustra: Blickt hinauf zu Ahura Mazdao; ihr seht, wie er sich offenbart in dem physischen Kleide des Lichtes und der Wärme. Dahinter aber ist das göttliche Schöpfungswort. ... Daher tritt uns in der Zarathustra-Lehre die merkwürdige Mitteilung entgegen, daß Zarathustra eingeweiht wird, um in dem Lichte seinen Ahura Mazdao wahrzunehmen, – aber auch noch das göttliche Schöpfungswort, Honnover, das heruntersteigen sollte auf die Erde.»[5]

Der Hohe Sonnengeist ist die Wesenheit, die von den altindischen Rischis Vishva Karman genannt wurde, von Zarathustra Ahura Mazdao, von den Ägpytern Osiris. Er ist der Geist, der sich im geistigen Sonnenlicht offenbart und von der Sonne her seine Kräfte in das Erdendasein einfließen ließ, bis er selbst bei der Johannes-Taufe im Jordan in dieses Erdenleben eintrat, indem er als Christus von dem physischen, dem ätherischen und dem astralischen Leibe des Jesus von Nazareth Besitz ergriff. Als der Buddha bei der Geburt des nathanischen Jesusknaben «in dem Nirmanakaya erschien, hatte er die Aufgabe, diesen Leib des nathanischen Jesus reif zu machen für die Aufnahme des Vishva Karman, des Christus.»[5)]

Dieser Hohe Sonnengeist ist das Weltenlicht, von dem das Markus-Evangelium vorzugsweise spricht, und die Seele, das Innere dieses Weltenlichtes ist der Logos, der uns vornehmlich im Johannes-Evangelium entgegentritt.

«Der Schreiber des Markus-Evangeliums richtet von Anfang an den Blick auf den vom Himmel herunterkommenden Sonnengeist. ... Und der Schreiber des Johannes-Evangeliums richtet seinen Blick darauf, daß das Höchste, was auf der Erde wirksam werden kann, das Innere des Sonnengeistes, durch das Mittel des Jesus heruntergetragen wird. Er hat den Blick auf das Höchste gerichtet, auf den reinen Sonnenlogos.»[13)]

So ist es wohl auch nicht ohne Bedeutung, daß Rudolf Steiner in seinen Vorträgen über das Johannes-Evangelium von dem Christus vielfach als dem Logos spricht, während er in den Vortragsfolgen über das Markus-Evangelium den Logos im Zusammenhang mit diesem Evangelium nicht nennt. Auch in seiner «Geheimwissenschaft» spricht er von dem Christus als dem Ahura Mazdao, der Sonnen-Aura, dem hohen Sonnenwesen. Weil der Hohe Sonnengeist mit dem Logos eins ist, ihn offenbart, wird vielfach von ihm ausgesagt, was im Grunde genommen erst recht für den Logos gilt, so z. B. wenn es heißt, daß «die Große Aura den Menschen hervorgebracht hat» und daß «der Mensch ein Abbild des Sonnengeistes, des Ahura Mazdao» ist[4)] oder wenn dieser Hohe Sonnengeist der

«Urquell des Lebens» genannt wird,[57] wo doch alles Leben vom Logos ausgeht. Wegen dieses Eins-Seins dieser beiden Christus-Wesen ist es schwierig, sie für das Erkennen auseinander zu halten. Man muß, wenn Rudolf Steiner von dem Hohen Sonnengeist, dem Ahura Mazdao spricht, stets den Logos als mit ihm verbunden denken, wie umgekehrt das, was er vom Logos in seiner Offenbarung als Christus sagt, vielfach auch auf den Hohen Sonnengeist bezogen werden kann.

Der Hohe Sonnengeist Christus war den alten vorchristlichen und auch noch den ersten christlichen Eingeweihten als eine hocherhabene kosmische Wesenheit bekannt.

«Sie wurden so tief eingeweiht, diese ersten christlichen Initiierten, daß sie wußten: Der Christus, der heute als das Wesen erscheint, das im Anfang der Zeitrechnung durch das Mysterium von Golgatha gegangen ist, – der Christus ist aus noch weiteren Höhen zur Sonne herabgestiegen; da hat ihn Zarathustra geschaut. Dann ist seine Kraft übergegangen in die Strahlen der Sonne; da wurde er von den ägyptischen Eingeweihten geschaut. Dann lebte seine Kraft in dem Umkreis der Erde; da haben ihn die griechischen Eingeweihten geschaut. ... Jetzt soll er so geschaut werden, daß man seine richtige Gestalt erblickt in dem Auferstandenen, in demjenigen, der in der Erde darin ist, der das Geheimnis der Erde geschaut hat, der dieses Geheimnis allmählich in die Menschheitsentwicklung überfließen lassen kann. ... Paulus schaute ... den Christus, der durch das Mysterium von Golgatha heruntergestiegen ist auf die Erde, – die kosmische Gottheit, vereint mit den Kräften der Sonne.»[41]

Als eine «kosmische Gottheit» war der Hohe Sonnengeist aus den Weiten des Kosmos zur Sonne herabgestiegen, somit nicht vom Anfang an mit der Sonne verbunden gewesen wie der Christus-Erzengel. Er konnte als der «Lichtleib» des Logos, als «das geistige Licht, das durch die Weltenräume wirkt», ebenfalls, aber in einem anderen Sinne als der Christus-Erzengel, von sich sagen: «Ich bin das Licht der Welt!»

«Was hätte Vishva Karman von sich sagen müssen? ... Was hätte Ahura Mazdao sagen müssen, wenn er hätte von sich sprechen wollen? ... Wie spricht das, was früher im Weltenraum, auf der Sonne war, jetzt aus einem Menschen heraus? ‹Ich bin das Licht der Welt!› Was aus den Weltenchören heruntergeklungen hat auf die Erde als die innerste Selbstcharakteristik des leitenden kosmischen Geistes, – wir hören es wiederklingen aus einem menschlichen Innern, da das Wesen selbst in einem menschlichen Innern Platz genommen hat.»[42)]

Auf diesen «leitenden kosmischen Geist» Ahura Mazdao beziehen sich offenbar auch die folgenden Worte Rudolf Steiners:

«Der Christus in seiner ihm eigenartigen Wesenheit ist darinnen nicht etwa beschlossen, daß er in der Hülle des Jesus von Nazareth drei Jahre war, sondern er ist der Führer und Lenker auch aller Wesenheiten der höheren Hierarchien. Er ist ein umfassendes, kosmisches, universelles Wesen, ... eine wesentlich höhere Individualität als alle Individualitäten der sonst charakterisierten Hierarchien.»[43)]

«Wir müssen uns natürlich das Christus-Wesen als ein überwältigend hohes Wesen vorstellen; aber obgleich er so hoch erhaben ist, war es ihm trotzdem möglich, sich während der drei Jahre nach der Johannes-Taufe im Jordan in einem menschlichen Leibe zum Ausdruck zu bringen.»[44)]

Als eine solche universelle kosmische Wesenheit konnte sich der Hohe Sonnengeist Christus ebensowenig wie der Logos unmittelbar mit der menschlichen Natur des Jesus von Nazareth verbinden; vielmehr bedurfte es auch dazu der Vermittlung durch den Christus-Erzengel. Diesen Hohen Sonnengeist Christus schildert Rudolf Steiner in mehreren Gestalten von verschiedenen Seiten. Auf ihn beziehen sich alle seine Hinweise, in denen er Christus mit dem Ahura Mazdao identifiziert.

*

Im Zyklus «Die geistigen Wesenheiten in den Himmelskörpern und Naturreichen» spricht Rudolf Steiner von dem Christus als dem *Sonnengeist der Weisheit*. Da weist er zur Verdeutlichung zunächst auf die Inspiration des Buddha durch einen Geist der Bewegung hin und bemerkt dazu:

«Die Sphäre eines solchen Geistes wie des den Buddha einst inspirierenden, der also der Geist der Bewegung auf dem Merkur ist, sie ist eben noch klein im Verhältnis zu der weit umfassenderen Sphäre, die da im Menschenwerdeprozeß dirigiert wird von der als Einheit empfundenen geistigen Wesenheit der Weisheit, die auf der Sonne aufzusuchen ist.»[45]

Als geistige Wesenheit der Weisheit ist hier also nicht eine einzelne Individualität aus der Hierarchie der Weisheitsgeister der Sonne gemeint, sondern die als Einheit empfundene Gesamtheit dieser Geister. Denn bei diesen Geistern der Weisheit können wir «nicht mehr unterscheiden Differenzierungen. Da empfinden wir eine Einheit; es fließt uns das, was von den normalen Geistern (der Weisheit) ausgeht, in eine Einheit zusammen».[45] Dann heißt es mit Bezug auf den Christus weiter:

«Die vierte Kulturperiode durfte darauf hinweisen, daß innerhalb unserer Erdenentwicklung die Bedingungen eingetreten waren, daß drei Jahre hindurch eine menschliche Wesenheit unmittelbar inspiriert werden konnte von diesem Geist der Weisheit. ... Dasjenige, was man bezeichnet in der Sprache der heiligen Rishis als Vishva Karman, in der des Zarathustra als Ahura Mazdao, in der der ägyptischen Kultur als Osiris, und was man bezeichnete in der Sprache des vierten Kulturzeitraumes mit dem Wort Christus, das hat hereingeleuchtet durch das Tor des Sonnengeistes der Weisheit. Ebensowenig als ich gesagt habe, daß es nur der Geist der Bewegung ist, der durch den Buddha hereingeleuchtet hat, so wenig sage ich, daß es nur der Sonnengeist der Weisheit ist, der durch den Christus hereingeleuchtet hat. Er war das Tor, um hinauszurichten den okkulten Blick in unendliche Sphären, worin die Geister der höheren Hierarchien vorhanden sind. Aber der Einlaß war der Geist der Weisheit, ... der der Einheitsgeist der Erdenkultur ist, so wie das Sonnenhafte der Einheitskörper für das Planetensystem ist. Und dieser Einheitsgeist muß im Sinne der vierten nachatlantischen Kulturperiode als der Christus bezeichnet werden.»[45]

Es ist also nicht ein einzelner Geist der Weisheit Christus genannt, sondern die Einheit aller dieser Sonnengeister der Weisheit, durch die der Ahura Mazdao, der Hohe Sonnengeist Christus in das Erdendasein hereinleuchtete. Und die menschliche Wesenheit, die von diesem Einheitsgeist der Weisheit inspiriert wurde, ist der Christus Jesus, d.h. der Christus-Erzengel in dem Jesus. Denn dieser Christus-Erzengel inspirierte nicht nur den Jesus von Nazareth, sondern «intuitierte» ihn, wurde eins mit ihm:

«Bei dieser Jordan-Taufe, da, wo das bedeutungsvolle Symbol der Taube erscheint über dem Kopfe des Jesus, der nicht bloß inspiriert, sondern unmittelbar intuitiert wird von dem Christus.»[46)]

So spricht auch Rudolf Steiner einmal von dem «Geheimnis des Jesus-Werdens des Christus».[9)] Und wenn er an anderer Stelle auf die «große Inspiration des Jesus von Nazareth durch den Christus»[47)] hinweist, so dürfte damit die Inspiration des Christus Jesus durch den Einheitsgeist der Weisheit gemeint sein.

Der kosmische Christus, der Hohe Sonnengeist, hat nicht nur hereingeleuchtet in das Erdendasein, sondern ist auch selbst auf die Erde herabgestiegen, benutzte aber daneben noch die besonderen Kräfte der Sonnengeister der Weisheit, deren er sich so als seiner spirituellen Gehilfen bediente. Auf dieses spezielle Hereinwirken des kosmischen Christus durch den Einheitsgeist der Weisheit bezieht sich offenbar der Ausdruck «hereinleuchten».

Daß gerade der Sonnengeist der Weisheit das Einlaßtor bildete für dieses Hereinwirken des kosmischen Christus, hängt offenbar zusammen mit dem Verhältnis dieser Geister der Weisheit zur Sonne als Planet und als Fixstern. Wie die Geister der Form einem Planeten die Gestalt und die Geister der Bewegung ihm die innere Lebendigkeit geben, so die Geister der Weisheit das Bewußtsein.[48)] Der Hohe Sonnengeist Christus verband sich also gewissermaßen durch die Geister der Weisheit mit dem Bewußtsein der Sonne als Planet. Zugleich sind diese Geister der Weisheit die unterste der Hierarchien, welche an der Entwicklung der Sonne als Fixstern beteiligt sind[49)] und auf dem Fixstern ihre eigene Entwicklung durchmachen. «Wenn wir den Blick hinausrichten auf einen Fixstern, so ist das, was da drinnen ist im Fixstern, eigentlich Inhaltssubstanz der Geister der Weisheit. Das ist der wahre Inhalt des Fixsterns.»[50)]

Die Geister der Weisheit stellen somit in Bezug auf die Sonne die unterste Fixstern-Hierarchie und die oberste Planeten-Hierarchie dar. So ist es verständlich, warum der Hohe Sonnengeist, wenn er sich der speziellen Kräfte der Sonne bedienen wollte, dies durch die Geister der Weisheit tat, die gewissermaßen das Wesen der Sonne repräsentieren.

*

In einer anderen Gestalt wird der Hohe Sonnengeist Christus von Rudolf Steiner dargestellt in dem Zyklus «Weltenwunder, Seelenprüfungen und Geistesoffenbarungen», wo er eine Seite der kosmischen Vorgeschichte des Mysteriums von Golgatha schildert, durch welche die seit der alten Sonnenzeit bestehende enge Verbundenheit dieser Christus-Wesenheit mit Sonne und Erde in einer besonderen Weise beleuchtet wird. Es wird dort ausgeführt, wie schon im Beginn der alten Saturnentwicklung gewissermaßen eine Spaltung unter den Kräften des Makrokosmos entstand, die sich dann im weiteren Verlauf der Entwicklung fortsetzte. Ein Teil der göttlich-geistigen Wesenheiten, die mit der Entwicklung unseres Sonnensystems verbunden waren, blieb im Zusammenhang mit dem Fortgang der Substanz in immer dichtere Zustände, indem sie die ursprüngliche physische Saturnwärme nacheinander in den luftförmigen, den wässerigen und den erdig-festen Zustand umwandelten. Sie werden die «unteren Götter» genannt, die vom Innern des Planeten her wirken. Es sind dies die eigentlichen schöpferischen Götter, die in vorangegangenen Weltentwicklungen bereits eine so hohe Stufe erreicht hatten, daß sie die dichten physischen Elemente gestalten können.

Der andere Teil der göttlich-geistigen Wesenheiten dagegen nahm an dieser Verdichtung der Substanz nicht teil, sondern wirkte vom Umkreis des Planeten her in den feineren, überphysischen Elementen, zu denen sich der Wärmeäther des Saturn im Verlauf der Entwicklung verfeinerte: dem Lichtäther, dem Chemischen Äther und dem Lebensäther. Diese in den Ätherelementen wirkenden Wesenheiten werden die «oberen» oder luziferischen Götter genannt. Sie waren, wie Rudolf Steiner bemerkt, gewissermaßen die Vorstellungen der anderen, der unteren Götter, waren abhängig von diesen, hatten keine Selbständigkeit. Beide Göttergenerationen sind an der Erden- und Menschheitsentwicklung beteiligt, und zwar in der Art, daß

«unsere Gesamtorganisation mit allem Unterbewußten von der ursprünglichen Göttergeneration kommt. Dasjenige, dessen wir uns bewußt sind, das kommt von der anderen Seite her, von der den alten Saturn, die Sonne und den Mond nur umschwebenden Göttergeneration».[51)]

Während der alten Sonnenzeit nun verband sich eine Wesenheit, die den unteren Göttern angehörte, mit der oberen Göttergeneration, sodaß von da an unter den oberen Göttern eine Wesenheit lebte, die real war, die Weltenrealität darstellte, – und diese Wesenheit war der Christus.

«Ungefähr in der Mitte der alten Sonnenentwicklung geschieht das Große, Gewaltige, daß eine Wesenheit während dieser Sonnenentwicklung Kräfte ausbildet, die in Widerspruch stehen mit den feineren, dünneren Ätherelementen. Gegenüber dem, was wir das Mysterium von Golgatha nennen, das große Erdenopfer, können wir sprechen von einem Sonnenopfer, das darin bestand, daß sich eine Wesenheit zwar ihren Aufenthalt wählte unter den Göttern, welche nur in den feineren Elementen leben wollten, aber solche dichteren Kräfte ausbildete, die gewachsen waren den Erdenelementen. Und so haben wir seit der Sonnenentwicklung in der Reihe der Wesenheiten, die eigentlich nur für das Ätherische mit ihren Kräften bewaffnet sind, eine Wesenheit, welche eine innige Verwandtschaft hat innerhalb des Weltenäthers für das Irdische.

Seit der alten Sonnenzeit wartete diese Wesenheit auf den richtigen Moment, um dasjenige, was sie an Kräften ausgebildet hatte, in die Erde selber hineinzuleiten. ... Das, was in diese außenstehende Göttergeneration in einem Momente hineingezogen ist, das war in der Tat der Christus, der bei der Johannes-Taufe im Jordan in den Leib des Jesus von Nazareth eingezogen ist.»[51)]

Die Kräfte, welche diese untere Götterwesenheit, der Christus, in der alten Sonnenzeit in das Reich der oberen Götter hineintrug, das waren die Kräfte, die die physische Luft beherrschten, zu der sich die Wärme des alten Saturn damals schon verdichtet hatte.

«Während die anderen Wesenheiten der überirdischen Götterwelten sich nicht darauf einließen, etwas Luftartiges mitzunehmen bei ihrem Hinausgehen aus der Gesamtentwicklung in den Weltenraum, hat diese Wesenheit das Element der Luft mitgenommen, sodaß sie verwandt blieb mit der Erde, sodaß also bei aller kommenden Entwicklung draußen im Weltenraum durch diese Wesenheit ein der Erde verwandtes Element war: das, was sich auf der alten Sonne schon zur Luft oder zum Gas verdichtet hatte. ... Was in der Sonne gasig ist, ist in der Tat der Körper des Christus. ... Die Sonne als Luft- oder Gasball draußen im Weltenraum ist der ursprüngliche Leib des Christus, der im Verein mit den anderen oberen Göttern, aber eine dem Erdenwesen verwandte Göttergestalt war. Das empfand Zarathustra, als er das Geheimnis von dem Christus in der Sonne mit dem Worte ausdrückte: Aura oder Ahura Mazdao, der große weisheitsvolle Geist, die große Weisheit, die Große Aura.

In der Tat, was vorher bloß in der Sonne war, verwandt mit der Erdenwesenheit, das ergriff in dem mysteriösen Moment der Johannes-Taufe im Jordan Besitz von dem physischen, dem Ätherleib und dem Astralleib des Jesus von Nazareth. ... Mit dem Christus zieht eine Götterwesenheit in das physische Leben ein auf demselben Wege, den diejenigen Götter einzuschlagen hatten für das Erdenleben, die eigentlich früher nur von den anderen Göttern vorgestellte Wesen waren. Aber jetzt zieht zum ersten Male eine reale Wesenheit ein, eine Wesenheit, welche nicht in demselben Sinne nur Vorstellung der anderen Götter, sondern selbständig, substantiell selbständig ist. Da kommt aus dem Weltenraum, in dem vorher nur die Vorstellungen der anderen Götter gelebt haben, ein solcher Göttergedanke, der real ist.»[51)]

Durch ihr Sonnenopfer gewann die hier geschilderte Christus-Wesenheit die Möglichkeit, nicht nur als unterer Gott auf das Unterbewußte der Menschen zu wirken, sondern auf dem gleichen

Wege wie die oberen Götter sich dem *bewußten* Erkennen der Menschen zu offenbaren.

Wie der Hohe Sonnengeist Christus durch sein Erdenopfer, das Mysterium von Golgatha, aus dem Reich der Sonnengötter in das Reich der Menschen herabstieg, so war er auch in der alten Sonnenzeit aus einer höheren Götterregion in eine niedrigere herabgestiegen. Und wie für das Menschwerden des Christus sich ihm ein Mensch, der nathanische Jesus, als Träger zur Verfügung stellen mußte, so wird der Christus, der das Sonnenopfer brachte, ebenfalls bei seinem Übergang von der höheren zur niederen Götterregion eines Mittlers bedurft haben. Dieser Mittler dürfte der Christus-Erzengel gewesen sein, welcher der oberen Göttergeneration angehörte.

Bei dieser Christus-Wesenheit, die das große Sonnenopfer brachte, handelt es sich also zweifellos um den Hohen Sonnengeist Christus, wie aus dem Hinweis auf den Ahura Mazdao des Zarathustra hervorgeht. Weil Christus, als er zur Erde herabgestiegen war, die dichten physischen Elemente beherrschte, war es ihm möglich, nach seinem Tode in das Innere der Erde einzudringen, die Geheimnisse der Erde kennen zu lernen.

«Für diejenigen göttlichen Lehrer, die heruntersteigen konnten auf die Erde, und für die alten initiierten Lehrer gab es in der ganzen weiten Welt keine Geheimnisse außer im Innern der Erde. Im Innern der Erde, wußten sie, herrschen geistige Wesen, die anderer Art sind als die Götter, die vor dem Mysterium von Golgatha zu den Menschen herunterstiegen. Es kannten sie z.B. die Griechen und gaben ihnen in ihrer Mythologie den Namen der Titanen. Aber derjenige der oberen Götter, der zuerst das Innere der Erde kennen lernte, weil er hineinversenkt wurde, das war der Christus. Das ist wichtig, daß der Christus ein Gebiet für die oberen Götter kennen gelernt hat, das früher diese oberen Götter nicht gekannt haben.»[41]

*

Der Hohe Sonnengeist Christus ist wohl auch mit derjenigen Wesenheit identisch, von der Rudolf Steiner einmal als dem *Mystischen*

*Lamm* spricht. Es ist dies die Wesenheit, die der Menschheit die Kraft der Liebe einflößt. Denn die Erde soll der Kosmos der Liebe werden, wie der Mond der Kosmos der Weisheit war. Damit die Liebe sich auf der Erde entfalten kann, muß sie sich im Menschen von der niedersten Form der natürlichen Liebe stufenweise hinauf entwickeln bis zur rein geistigen Liebe. Das kann nur allmählich im Verlauf vieler Inkarnationen geschehen.

Im Beginn der Erdenentwicklung unterstand die Menschheit vorwiegend der Führung durch Geister, die dem alten Mond die Weisheit eingeflößt hatten, wodurch diese jetzt in allen Erdendingen ist. Wären diese Geister der Weisheit, die hier auch Geister der Umlaufzeiten genannt werden, allein mit der Menschheit verbunden geblieben, dann hätten sie die menschlichen Seelen aus ihren Leibern herausgerissen und einer zu raschen Vergeistigung entgegengeführt. Die menschlichen Leiber aber hätten sich nicht entwickeln können.

«Die Menschen hätten darauf verzichten müssen, die Früchte zu zeitigen, die nur innerhalb der Zeit reifen können. Die Früchte der Liebe, der Erdenerfahrung, wären nicht zu gewinnen gewesen. Diejenigen Geheimnisse, welche Wesenheiten haben und beherzigen müssen, um die Früchte der Liebe, der Erdenerfahrung zu zeitigen, waren diesen Geistern der Umlaufzeiten verborgen. Deshalb heißt es in der Schrift: ‹Sie verhüllten ihr Antlitz vor dem Mystischen Lamm ›. Denn das Mystische Lamm ist der Sonnengeist, der das Geheimnis hat, nicht nur die Geister hinwegzuheben von der Erde, sondern die Leiber von der Erde zu erlösen, sie zu vergeistigen, nachdem sie durch die vielen Inkarnationen hindurchgegangen sind. Der Besitzer des Liebesgeheimnisses, das ist der Sonnengeist, den wir den Christus nennen. Und weil er nicht nur ein Interesse hat an der Individualität, sondern unmittelbar an jeder einzelnen Persönlichkeit der Erde, nennen wir ihn deshalb das Große Opfer der Erde oder das Mystische Lamm.»[52)]

«Der ganze Mensch kann nur erlöst werden, wenn nicht nur Weisheit, sondern wenn warme Liebeskraft seine ganze Organisation durchströmt. Die Seelen zu erlösen durch die Flut von Liebe, welche der Christus auf die Erde gebracht hat, das war die Aufgabe des Christus.»[39]

Dieses Mystische Lamm ist auch der Führer einer neuen Gruppenseele der Menschheit. Außer den vier älteren Gruppenseelen: Löwe, Adler, Stier und Mensch, «gibt es und wird es geben, solange die Erde sein wird, eine Gruppenseele für die höhere Offenbarung des Menschen, die durch das Lamm dargestellt wird, durch das Mystische Lamm, das Zeichen für den Erlöser.»[53] «Der Christus-Impuls ist wiederum etwas wie eine neue Gruppenseele der Menschheit, aber eine solche, die bewußt von der Menschheit gesucht wird.»[54]

*

Ebenfalls um den Hohen Sonnengeist Christus handelt es sich offenbar bei Darstellungen, die Rudolf Steiner von dem *Christus unter den zwölf Aposteln* gibt:

«Man kann sich ein hohes Wesen denken, das alle zwölf Bewußtseinsstufen aus sich herausgesetzt hat. Es selbst ist als der Dreizehnte da. Dann wird er sich sagen: Ich könnte das, was ich bin, nicht sein, wenn ich nicht diese zwölf Bewußtseinsstufen aus mir herausgesondert hätte. – Diesen Fall haben wir in Christus und den zwölf Aposteln. Die zwölf Apostel stellen dar die Bewußtseinsstufen, durch die Christus hindurchgegangen ist. So kann man die Schilderung der Fußwaschung im 13. Kapitel des Johannes-Evangeliums verstehen, durch die angedeutet wird, daß der Christus den Aposteln dankt, daß er die höhere Bewußtseinsstufe erreicht hat. ... Das höher entwickelte Wesen hat die anderen auf der Bahn zurückgelassen und ist nun selbst der Diener der anderen geworden.»[55]

Auf dieses Verhältnis des Christus zu den zwölf Aposteln weist Rudolf Steiner noch einmal hin in Anknüpfung an das *letzte Ostermahl:*

«Wir finden im Evangelium das letzte Ostermahl. Das ist nicht ein gewöhnliches Mahl. Wir finden da den Christus umgeben von zwölf Menschengestalten. Wie an einer Tafel saß er da unter denselben. Und als was waren sie erschienen, diese zwölf Menschengestalten? Ein jeder, der als Eingeweihter erlebt hatte die Erlebnisse der höheren Welten, hat dasselbe erlebt. Unter diesen zwölf Aposteln sind zwölf seiner eigenen Verkörperungen zu verstehen. ... So ist der Mensch umgeben von den Gestalten, durch die er selbst hindurchgegangen ist. Sie umgeben ihn wie bei einem Mahle; er selbst, der Mensch, ist der Gastgeber. ... Unter den Zwölfen der Dreizehnte, der die höchste Vollkommenheit darstellt, derjenige, der alle liebt, das ist der Eingeweihte, er selber! – Das, was also erlebt wurde von jedem Einzuweihenden in den höheren Welten, das wurde wiederholt von Christus Jesus auf dem physischen Plan in diesem Ostermahle. ... Das ist kein gewöhnliches Mahl. Es sollte auf dem physischen Plan wiederholen, als äußere physische Gemeinschaft, das, was der Eingeweihte des Geistes so oft früher auf dem höheren Plan erlebt hat.

Der Christus konnte daher sagen: Ihr, die ihr hier um mich sitzet, stellt dar die verschiedenen Glieder meiner Leiber, verschiedene Grade der Vollkommenheit, und wenn ich in die Zukunft blicke, so sind dies die zwölf Stationen, die überwunden werden müssen, um dann zum Vater, zur Vollendung zu führen.»[56)]

Christus wird hier dargestellt, wie er aus den Hüllen des Jesus von Nazareth zu den Aposteln spricht. Der Logos kann es nicht sein, weil dieser unmittelbar aus dem göttlichen Vatergrund hervorgegangen ist und fortdauernd hervorgeht, sich also nicht durch Bewußtseinsstufen hinaufentwickelt. Auch der Christus-Erzengel kann es nicht sein, weil dieser die zwölf Bewußtseinsstufen noch nicht durchschritten hat. So kann es nur wieder der Hohe Sonnengeist Christus sein, der nach seinen eigenen Worten zum Vater, zur Vollendung emporgestiegen ist.

*

In einer wiederum anderen Gestalt begegnen wir dem Hohen Sonnengeist Christus in Vorträgen, in denen Rudolf Steiner ihn als den *Dreizehnten im Kreise der zwölf Bodhisattvas* schildert. In der

«Theosophie» werden drei Welten beschrieben: die physische, die astralische und die geistige Welt. Die geistige Welt wird da wieder in zwei Untergebiete gegliedert: in eine untere und eine obere geistige Welt. Diese obere geistige Welt wird an anderer Stelle auch die «Vernunftwelt» genannt. Darüber hinaus gibt es noch höhere Welten, von denen die nächsthöhere als die «Welt der Vorsehung» oder als «Budhiplan» bezeichnet wird.

«Während der Mensch sein Leben zubringt in Welten vom physischen Plan bis zum Devachan-Plan (Vernunftwelt), ist es das Normale einer Bodhisattva-Wesenheit, daß sie bis in den Budhi-Plan hinaufgeht, was wir in Europa die Welt der Vorsehung nennen. ... Von der anderen Seite her wirkt der Christus in jene Welt hinein, in welche die Bodhisattvas hinaufsteigen, wenn sie die Region der Menschheit verlassen, um selber zu lernen, damit sie dann Lehrer werden können in der Menschheit. Da tritt ihnen von oben – von der anderen Seite her – eine solche Wesenheit entgegen wie der Christus. Dann sind sie die Schüler des Christus. Zwölf Bodhisattvas umgeben eine solche Wesenheit, wie es der Christus ist.

So steigen die Bodhisattva-Wesenheiten zwischen zwei Inkarnationen hinauf bis zum Budhi-Plan, und bis zum Budhi-Plan reicht dasjenige, was ihnen, vollbewußt, als Lehrer entgegentritt: die Wesenheit des Christus. Auf dem Budhi-Plan begegnen sich die Bodhisattvas und der Christus. ... Damit sind wir aufgestiegen in die Sphäre der Bodhisattvas und eingetreten in jenen Kreis von zwölf Sternen – und in ihrer Mitte die Sonne, die sie erleuchtet und erwärmt, von der sie jenen Lebensquell haben, den sie dann wieder herunter zu tragen haben auf die Erde.»[2)]

Von dieser Christus-Wesenheit, die der Lehrer der Bodhisattvas ist, heißt es dann noch in einem anderen Vortrag:

«So ist der Christus dasjenige, was er der Welt ist, durch das, was er in sich selbst ist, durch sein Wesen. Ihn braucht man nur anzuschauen, und die Offenbarung seines eigenen Wesens, das ist etwas, was sich bloß zu spiegeln braucht in seiner Umgebung, dann entsteht daraus die Lehre. Er ist nicht bloß Lehrer, er ist Leben, das sich eingießt in die anderen Wesenheiten, die dann die Lehrer werden.

So sind die Bodhisattvas diejenigen, die ihre Lehre davon haben, daß sie die Seligkeit genießen, die Anschauung des Christus zu haben in ihrer spirituellen Höhe. ... Man kann von einer immer und immer wiederkehrenden Verkörperung des Bodhisattvas sprechen, muß aber wissen, daß der Bodhisattva hinter all den Menschen, in denen er sich verkörpert, gestanden hat als Teil derjenigen Wesenheit, die selber die personifizierte Allweisheit *unserer* Welt ist. ...

Es gibt Regionen des Geisteslebens, wo man, sozusagen entledigt allen Erdenstaubes, den Bodhisattva in seiner spirituellen Eigentümlichkeit finden kann, und wo man finden kann den Christus, entkleidet von allem, was er geworden ist auf der Erde und in deren Nähe. Man findet sozusagen die Grundlage der Menschheit, dasjenige, wovon alles Leben ausgeht: den spirituellen Urquell. ... Sie finden in spirituellen Höhen eine Reihe von Bodhisattvas, die für ihre Zeiten die großen Lehrer, die Unterweiser sind nicht nur der Menschen, sondern die Unterweiser auch derjenigen Wesenheiten, die nicht heruntersteigen in die Region des physischen Lebens, ... und in ihrer Mitte finden wir eine Wesenheit, die nicht nur dadurch etwas ist, daß sie lehrt, – und das ist der Christus, – eine Wesenheit, die auf die umgebenden Bodhisattvas dadurch wirkt, daß diese ihren Anblick haben. Angeschaut wird sie von den Bodhisattvas, denen sie ihre eigene Herrlichkeit offenbart.»[57]

Daß es sich bei diesem Führer der Bodhisattvas um den Hohen Sonnengeist Christus handelt, geht aus einer anderen Äußerung Rudolf Steiners hervor, in der er diese Wesenheit mit dem Ahura Mazdao identifiziert:

«Inmitten der zwölf Bodhisattvas in unserem Weltendasein sitzt ein dreizehntes Wesen, das wir nicht in demselben Sinne einen Lehrer nennen können wie die zwölf Bodhisattvas, sondern das wir nennen müssen dasjenige Wesen, von dem die Weisheit selbst substantiell ausströmt. ... Dieser Dreizehnte ist derjenige, den die alten Rischis nannten Vishva Karman, den Zarathustra nannte Ahura Mazdao, das ist der, den wir den Christus nennen! So ist er der Führer und Lenker der großen Loge der Bodhisattvas.»[5]

Unvorstellbar hohen Geistesregionen also gehört dieser Lenker der Gemeinschaft der Bodhisattvas, der Hohe Sonnengeist Christus an. Er ist die Grundlage der Menschheit, der spirituelle Urquell, von dem alles Leben ausgeht, das Wesen, von dem die Weisheit selber substantiell ausströmt, die personifizierte Allweisheit unserer Welt.

*

Den höchsten Aspekt von dem Hohen Sonnengeist Christus schildert Rudolf Steiner schließlich in einem Weihnachtsvortrag, in welchem er diesen Christus den neuen Gott, den Gott der Zukunft nennt, welcher der Begründer und Führer einer neuen Welt sein werde. Schon die Eingeweihten der alten Atlantis, so heißt es in diesem Vortrag, wiesen auf diesen neuen Gott der Zukunft hin:

«Daß die Welt von Göttern geboren ist, das war die alte Lehre; daß die Welt einen Gott gebären wird, den großen Gott der Zukunft, das war die große Prophetie der atlantischen Eingeweihten an ihre Schüler – und damit auch an die Völker. Sagen konnten sie ihnen dieses: Eine Zeit wird kommen, wo ihr arbeiten müßt auf dem physischen Plan, wo euch wie entschwunden erscheinen werden die alten heiligen Götter. Aber hinblicken könnt ihr dann, wo euch aufgehen kann der neue Keim, wo aufsprießen wird der neue Zukunftsgott, der wie der Keim der Pflanze sich aufbewahrt hat durch die Zeiten hindurch, um zur rechten Zeit zu erscheinen in der Menschheit.»[58)]

Auch die Eingeweihten der späteren Zeit sprachen von diesem neuen Gott. «Vishva Karman, so war es genannt, das Wesen, das die alten Lehrer Indiens als den großen Geist der Zukunft verkündeten.» Zarathustra nannte diese «göttliche Frucht, die aus der Erde geboren werden soll», die Große Sonnen-Aura, Ahura Mazdao. Im alten Ägypten hieß man diesen Zukunftsgott Osiris.[58)]

«Das aber konnte für die Menschheit nur dadurch eintreten, daß die Menschheit reif war, daß sie jener geistigen Wesenheit, die der Gott der Zukunft werden sollte, eine Blüte entfaltete. Diese Blüte, die da entfaltet werden konnte, die in sich aufnehmen konnte den Keim des zukünftigen Gottes, sie konnte nur eine dreifache Menschenhülle sein aus physischem Leib, Ätherleib und astralischem Leib, die vorher durch alles das, was man auf der Erde erringen konnte, gereinigt und geläutert worden ist. Und diese Hülle des Jesus von Nazareth, der sich hingeopfert hat, um den Christus-Keim zu empfangen, diese Blüte des Menschentums stellt dar das Reinste, den Extrakt, den die Menschheit in ihren geistigen Entwicklungstrieben hat hervorbringen können.»[58)]

Die Weisen aus dem Morgenlande,

«sie opferten vor dem, was in die Zukunft hineingehen soll, was in sich bergen soll einstmals die Kraft in einem Menschen, die durch alle Welten zieht, die mit unserer Erde verbunden sind ...

So leben wir in einer Welt, wo die Blätter und Blüten von den alten Götterkeimen da sind, und immer mehr und mehr entfaltet sich die neue Frucht, die Christus-Frucht, – und abfallen wird alles andere. Und vor unserem geistigen Auge geht in der Zukunft eine Welt auf, die ihre Wurzeln in dem Physischen hat, wie einstmals unsere Welt ihre Wurzeln in der geistigen Welt hatte. Wie die Menschen die Söhne der Götter sind, so wird aus dem, was die Menschen in der physischen Welt durch die Erhebung zum Ereignisse von Golgatha erleben, der Leib gebildet zu den neuen Welten, deren Führer der Christus ist.»[58)]

Daß mit diesem Gott der Zukunft nur der Hohe Sonnengeist Christus gemeint sein kann, geht schon aus dem Hinweis auf den Ahura Mazdao des Zarathustra hervor. Der Logos ist als Glied der Ur-Göttlichkeit, des Wesensgrundes der Welt, vom Urbeginne her der schaffende Gott, kann mithin kein neuer Gott werden. Und der Christus-Erzengel gehört auch nach seiner Erhöhung zu einem Geist der Throne noch der Hierarchienwelt an. Für den Hohen Sonnengeist Christus bedeutete offenbar der Durchgang durch das Mysterium von Golgatha ebenfalls einen Aufstieg in eine noch höhere Weltregion, wodurch er zum Begründer einer neuen Welt werden konnte.

Die Welt, in der wir leben, ist eine ersterbende Welt, die nur noch aus Vergangenheitskräften fortbesteht. Es ist die Vatergott-

Schöpfung. Diese gegenwärtige Welt hat substantiell ihren Anfang genommen mit dem alten Saturndasein. Sie wird unter Verwandlungen noch fortbestehen bis zum Venusdasein und dann ihr Ende erreicht haben. Innerhalb dieser ersterbenden Welt aber bereitet sich vor das Werden einer neuen Welt, deren Keime im Menschen liegen, und die seit dem Mysterium von Golgatha im Entstehen begriffen ist. Durch seine Liebes-Opfertat auf Golgatha ist Christus der Begründer dieser neuen Welt geworden, die er aus der Kraft des ihn als sein Innenwesen erfüllenden Logos, des Sohnes, schafft. Die neue Welt, die Sohnesgott-Schöpfung, welche die Vatergott-Schöpfung ablösen soll, wird der Hohe Sonnengeist Christus durch den Menschen erstehen lassen.

«Der Mensch muß sich sagen können: Ich blicke zum Vatergott. Der Vatergott liegt der Welt zugrunde, die ich durch die Sinne sehen kann. Sie ist seine Offenbarung. Aber sie ist eine untergehende Welt. ...

Da ist aber eine aufgehende Welt, die zunächst eben gerade durch den Menschen da ist. Adelt der Mensch seine sittlichen Ideale durch das Christus-Bewußtsein, durch den Christus-Impuls, gestaltet er seine sittlichen Ideale so, wie sie sein sollten dadurch, daß der Christus auf die Erde gekommen ist, dann lebt in seinem Chaos keimend in die Zukunft hinein dasjenige, was nun nicht eine untergehende, was eine aufgehende Welt ist. ... Der Mensch trägt gewissermaßen in seinem Innern dasjenige, was einmal sein wird, wenn alles das nicht mehr sein wird, was er um sich sieht. ...

Wir müssen das Ende dieser Welt stark fühlen, die die Welt des Vatergottes ist, und wir werden dann sehen, wie wir dadurch zu einem innerlichen Verstehen des Mysteriums von Golgatha kommen, zu jenem innerlichen Verstehen, durch das uns anschaulich wird, wie dasjenige, was im Sinne der Vatergott-Schöpfung an ein Ende kommt, wie das durch den Sohnesgott wiederum auflebt, wie ein neuer Anfang gemacht wird.»[59)]

Der Keim zu der neuen Welt wurde auf Golgatha gebildet:

«Damals, als das Kreuz erhöht wurde auf Golgatha und das Blut rann aus den Wunden des Christus Jesus, da wurde ein neuer kosmischer Mittelpunkt geschaffen.»[60)]

«Von allem, was Sie heute mit den Sinnen wahrnehmen können, enthält nichts etwas, was über das Venusdasein regelrecht hinausgeht, als einzig und allein der Mensch selber. In nichts anderem können Sie etwas Bleibendes, etwas, was mit dem Begriff der Ewigkeit angesprochen werden kann, suchen, in nichts anderem als im Menschen. ... Was über das Venusdasein hinaus bleibt, das hat seine Keime nur im Menschen. Der Christus mußte aus dem Weltenall zu dem Menschen kommen, wenn er mit dem Menschen den Gang in die Ewigkeit antreten wollte. Deshalb stieg der Christus aus dem Kosmos herab, um fortan mit dem zu sein, was als Keim im Menschen in die Ewigkeit hinausdauert.»[9)]

Die Weltenentwicklung schreitet fort, indem sich aus Altem immer wieder Neues gestaltet. Auf die Venuszeit wird die Vulkanzeit folgen. So wie mit dem alten Saturndasein unsere Sonnensystem-Entwicklung begonnen hat, wird mit dem Vulkan ein neuer Schöpfungszyklus seinen Anfang nehmen. Diese neue Schöpfung, an welcher der Mensch mitzuwirken berufen ist, wird die des Hohen Sonnengeistes Christus sein, die er jetzt aus der Kraft des mit ihm vereinten Logos der Trinität durch den Menschen zu schaffen sich anschickt.

«Nachdem Saturn, Sonne und Mond vergangen sind, tritt auf die Erde der Christus als das große Bereicherungselement, welches bewirkt, daß auf dem Vulkan etwas ganz Neues da ist, etwas, was noch nicht da war auf dem Saturn.»[61)]

Dieses Entstehen einer neuen Schöpfung bedeutet aber nach Angaben Rudolf Steiners den Fortgang des Weltendaseins überhaupt, auch des übersinnlichen Daseins. In seiner Schrift «Wie erlangt man Erkenntnisse der höheren Welten?»[62)] sagt er im Abschnitt «Leben und Tod»:

«Diese einstige übersinnliche Welt *brauchte* den Durchgang durch die sinnliche. Ihre Weiterentwicklung wäre ohne diesen Durchgang nicht möglich gewesen. Erst wenn sich innerhalb des sinnlichen Reiches Wesen entwickelt haben werden mit entsprechenden Fähigkeiten, kann die übersinnliche wieder ihren Fortgang nehmen. Und diese Wesenheiten sind die Menschen. Diese sind somit, so wie sie jetzt leben, einer unvollkommenen Stufe des geistigen Daseins entsprungen und werden selbst innerhalb derselben zu derjenigen Vollkommenheit geführt, durch die sie dann tauglich sein werden zur Weiterarbeit an der höheren Welt.»

Das Weltendasein bedarf somit zu seinem Fortgang der Mitwirkung des Menschen. Nur durch viele wiederholte Erdenleben kann sich der Mensch die dazu notwendigen Fähigkeiten aneignen. Damit der Mensch ein freies Wesen werden könne, mußten die fortschreitenden Götter es zulassen, daß die gegnerischen Mächte Luzifer und Ahriman in die Erdenentwicklung eingriffen. Dies wiederum hatte zur Folge, daß der Tod in die Erdenwelt einzog, wodurch die Fortentwicklung der Erde mit dem Menschen – und damit zugleich auch die der übersinnlichen Welt – in Frage gestellt wurde.

«Der Tod ist nichts anderes als der Ausdruck dafür, daß die einstige übersinnliche Welt an einem Punkt angekommen war, von dem aus sie durch sich selbst nicht weitergehen konnte. Ein allgemeiner Tod wäre notwendig für sie gewesen, wenn sie nicht einen neuen Lebenseinschlag erhalten hätte.»

Diesen neuen Lebenseinschlag hat der Hohe Sonnengeist Christus bewirkt dadurch, daß er aus der übersinnlichen Welt in die sinnliche Erdenwelt herabgestiegen ist und in ihr den Tod erlebt und überwunden hat. Damit hat er der Erde einen neuen Lebenskeim eingepflanzt, und dieser todüberwindenden Lebenskraft kann auch der Mensch teilhaftig werden, wenn er in rechter Art sich mit dem Christus-Impuls verbindet. Damit erlangt der Mensch die Möglichkeit, «tauglich zu werden zur Weiterarbeit an der höheren Welt», dies allerdings erst am Ende eines ihm noch bevorstehenden langen Entwicklungsweges. Indem Christus durch sein Opfer auf Golgatha die Erde und die Menschheit vom Tode errettete, machte er auch die Fortentwicklung der übersinnlichen Welt wieder möglich. Damit eröffnet sich uns nicht nur ein atemberaubender Ausblick auf die Aufgabe und Verantwortung des Menschen, sondern auch auf die überwältigende Machtfülle und Erhabenheit der Geistwesenheit, die als der Hohe Sonnengeist Christus der Begründer eines neuen Abschnitts im Weltenfortgang ist.

## 5. Der Christus in dem Jesus

So hat sich uns ein dreifacher Aspekt der irdischen Erscheinung des Christus in dem Jesus von Nazareth ergeben. In ihm müssen wir erkennen

- den Logos, das schöpferische Weltenwort, sodann
- den Hohen Sonnengeist Christus, der den Logos als sein Innenwesen in sich trägt und ihn zur Erscheinung bringt, und
- den Christus-Erzengel, der durchdrungen ist von dem Logos und dem Hohen Sonnengeist Christus.

Von diesen drei göttlichen Wesenheiten allein sagt Rudolf Steiner, daß sie durch ihre Verbindung mit dem Jesus von Nazareth in Menschengestalt auf der Erde aufgetreten sind, daß sie von den leiblichen Hüllen des Jesus Besitz ergriffen haben.

Nur mit Empfindungen heiliger Scheu kann man versuchen, eine ahnende Vorstellung davon zu gewinnen, wie diese drei erhabenen Christuswesen während der drei Jahre in dem Jesus von Nazareth zusammen lebten und wirkten. Wie dargelegt, hatte sich der Logos in der alten Sonnenzeit mit dem Christus-Erzengel vereinigt. Auch der Hohe Sonnengeist Christus war offenbar zugleich mit dem Logos als dessen Träger und Lichtleib schon in diesem Sonnendasein aus dem Kosmos zur Sonne herabgestiegen. Dieser Hohe Sonnengeist war ja die Wesenheit, die das Große Sonnenopfer brachte, indem sie sich in der alten Sonnenzeit als unterer, schöpferischer Gott mit den oberen Göttern verband.

Indem der Logos und der Hohe Sonnengeist sich durch den Christus-Erzengel mit der alten Sonne vereinigten, wurden erst eigentlich der eine zum Sonnenwort und der andere zum Sonnengeist. Für beide bedeutete die Vereinigung mit der Sonne ein Opfer, denn es war für sie ein Herabstieg aus einer höheren in eine niedrigere Weltregion. So bereitete sich im alten Sonnendasein das Mysterium von Golgatha vor, als aus den Weiten des Kosmos der Logos und der Hohe Sonnengeist ihren Wohnplatz auf der Sonne nahmen, um dann später, vereint mit den Kräften der Sonne, weiter auf die Erde herabzusteigen.

Dieses Sich-Verbinden des Logos und des Hohen Sonnengeistes mit der alten Sonne bedeutete nicht, daß beide Wesenheiten nicht schon vorher zur Sonne und zu unserem ganzen Sonnensystem in Beziehung gestanden wären. Jedoch hatten sie bis dahin die Entwicklung sozusagen von außen, vom Kosmos her geleitet und ihre Kräfte in die Sonne einstrahlen lassen, wohingegen sie sich nunmehr unmittelbar mit der Sonne selbst verbanden und so auch von dieser aus wirkten, im übrigen aber ihr umfassendes kosmisches Wirken beibehielten. Auch als dann bei der Jordan-Taufe die hohen Christus-Wesen von der Sonne auf die Erde herabkamen, änderte dies nichts an dem Umfassenden ihres kosmischen Waltens. Christus ist auch als der Erdengeist der Sonnengeist geblieben; er hat «seine Arbeit auf die Erde verlegt und dadurch die Erde mit einbezogen in die Arbeit der Sonne».[63] Es war die geistige Kraft der Sonne, die in dem Jesus von Nazareth nach der Jordan-Taufe wie in einem Brennpunkt gesammelt lebte und wirkte. «Die Wege des Jesus von Nazareth in Palästina waren die Wege der auf die Erde herabgekommenen Sonne.»[47] Mit der Sonne ist hier natürlich nicht die physische Sonne gemeint, sondern die geistige Sonnensphäre, «die Welt des Ahura Mazdao, für welche die Sonne der äußere Ausdruck ist».[47]

«Die Welt, wie sie uns entgegentritt auf dem physischen Plan, ist eben durch und durch Maya. Daß sich der moderne Mensch dieses nicht vorstellen kann, das macht es ihm auch schwierig, die Wesenheit des Christus Jesus selber sich vorzustellen. Denn wenn man die Seele, die nach der Johannes-Taufe im Jordan im Christus Jesus war, ins Auge faßt, so ist es ebenso. ... Da lernen wir erkennen, wie diese Seele eigentlich nur solange von dem hellseherischen Blick oder von dem Blick des Menschen überhaupt zusammengezogen in einem menschlichen Leibe gedacht werden konnte, solange man in der Maya befangen bleibt. In Wahrheit ist diese Seele alle Räume durchdringend und aus allen Räumen heraus wirkend. Für den in der Sinneswelt befangenen Menschen stellt sie sich so dar, als wenn sie durch den Leib des Jesus von Nazareth wirkte, während wir das Universelle des Kosmos durch den Leib des Jesus nach der Johannes-Taufe zu sehen haben.»[64)]

Durch das Mysterium von Golgatha ist die Erde zu einem «neuen kosmischen Mittelpunkt» geworden, wodurch künftig mehr und mehr die Erde zum Ausgangspunkt des kosmischen Wirkens des Christus werden wird.

Der Schaffens- und Wirkensbereich des Logos umfaßt das ganze sichtbare und unsichtbare Universum mit allen Welten und Wesen. Den Hohen Sonnengeist Christus wird man sich vermutlich vorstellen dürfen als den lenkenden kosmischen Geist unseres Weltsystems, der Tierkreissphäre und des dazu gehörenden weiteren Sternenkosmos. Denn unser Sonnensystem ist aus den Sternenwelten heraus entstanden und wird von den Kräften des Sternenkosmos getragen und erhalten. Und der Christus-Erzengel ist durch sein Eins-Werden mit dem Logos und dem Hohen Sonnengeist der Regent unseres Sonnensystems geworden.

In erster Linie wird man natürlich in dem Christus, der durch das Mysterium von Golgatha gegangen ist, den Logos sehen müssen, wie es auch gewöhnlich geschieht. Denn dieser, das zweite Prinzip der göttlichen Trinität, lebt mit seinem Wesen in den beiden anderen Christuswesen, sie impulsierend und erkraftend. Von ihm geht alles Weltgeschehen aus. Dieser Logos, dessen schaffende Kraft über alle Welten ausgebreitet ist und in aller Schöpfung verborgen lebt, hat sich bei der Jordan-Taufe durch den Hohen Sonnengeist und durch den Christus-Erzengel noch in besonderer Art wesenhaft mit dem Jesus von Nazareth und dadurch mit der Erde und der Menschheit verbunden. Als Sonnenlogos wirkt und offenbart er sich durch den Hohen Sonnengeist Christus. So ist es dieser, der den Logos in dem Mysterium von Golgatha zur Erscheinung bringt und dessen Absichten und Ziele ausführt. Und der Christus-Erzengel dient dem Hohen Sonnengeist und dem Logos als göttlicher Mittler, durch den sie von dem Körper des Jesus von Nazareth

Besitz ergreifen konnten. Durch ihn wirken die beiden höheren Christuswesen; er ist der Vollführer ihrer Taten.

Der Christus in dem Jesus ist die Offenbarung des Zusammenwirkens der drei Christuswesen mit ihren unterschiedlichen Weltenkräften. Man kann sie in ihrer im Logos gegründeten Verbundenheit sozusagen als *eine* Wesenheit empfinden. Denn man wird sie sich in ihrem Christussein und Christuswirken in voller Harmonie zu einer geistigen Einheit verbunden und einander durchdringend denken müssen. Es drängt sich die Vorstellung von der Christus-Erscheinung als eines dreigliedrigen Geistorganismus auf, indem man in dem Logos das geistige, in dem Hohen Sonnengeist das seelische und in dem Christus-Erzengel das geist-leibliche Glied sieht. In diesem Sinne kann man Christus gleichsam als *eine drei-einige Wesenheit* ansehen.[65)]

So spricht denn auch Rudolf Steiner zumeist von dem Christus schlechthin und kennzeichnet ihn nur da als die eine oder die andere dieser drei Geistmächte, wo er sie in ihrer besonderen Wesensart oder in dem ihnen eigenen Wirken darstellen will. Einer künftigen Menschheit wird es vergönnt sein, erkennen zu lernen, über welche der drei Christuswesen die Evangelien jeweils berichten oder wie die Evangelienworte verschieden gedeutet werden können, je nachdem von welcher Christus-Wesenheit gesprochen sie zu denken sind.

Für unser menschliches Vorstellen und Empfinden steht uns der Christus-Erzengel am nächsten. Indem wir zu diesem Christus-Erzengel aufschauen, schauen wir durch ihn hindurch zum Hohen Sonnengeist Christus und zum Logos auf. Für die innere Anschauung kann man sich die Christus-Erscheinung etwa in drei Gestalten vorstellen derart, daß die Gestalt des Christus-Erzengels überragt und umspannt wird von der Gestalt des Hohen Sonnengeistes Christus und hinter dieser die Gestalt des Logos erscheint, die beiden anderen Geistwesenheiten mit seiner Geistaura umfassend.

Die Art des Innewohnens der drei hohen Christuswesen in dem Leibe des Jesus von Nazareth wird man sich, soweit dies für menschliches Begreifen überhaupt möglich ist, etwa so denken dürfen, daß nur der Christus-Erzengel sich mit seinem ganzen Wesen unmittelbar in den Jesus bis in dessen physische Leibeshülle hineinversenkte und in ihm als ein zum Menschen gewordener Gott lebte. Denn von einer «physischen Verkörperung» des Christus in dem Jesus spricht Rudolf Steiner, soweit ersichtlich, nur mit Bezug auf diesen Christus-Erzengel. Von ihm allein wird gesagt, daß er «als Jesus von Nazareth physisch verkörpert war», und daß er «wirklich unter uns gewohnt hat in einer fleischlichen Hülle».[14)] Darum darf man wohl auch annehmen, daß er es war, der den Jesus von Nazareth «unmittelbar intuitierte»,[46)] womit auf «das Geheimnis des Jesus-Werdens des Christus»[9)] hingedeutet ist. Auch sagt Rudolf Steiner ausdrücklich, daß der Hohe Sonnengeist und durch ihn der Logos in die Gestalt des Christus Jesus «hereinwirkten».[13)]

Der Christus-Erzengel wurde in dem Jesus «Fleisch». Und weil mit diesem Christus-Erzengel der Hohe Sonnengeist und der Logos aufs engste geistverbunden waren, ragten gleichsam auch sie durch den Christus-Erzengel mit ihrem umfassenden kosmischen Wesen in den Jesus von Nazareth herein und wurden in ihm ebenfalls «Fleisch». So konnten auch sie von den Leibeshüllen des Jesus von Nazareth «Besitz ergreifen» und «in Menschengestalt auf der Erde auftreten».

Wenn aber nur der Christus-Erzengel unmittelbar physischleiblich mit dem Menschen Jesus von Nazareth vereinigt war, würde das bedeuten, daß es allein dieser Christus-Erzengel war, der auf Golgatha den Tod in einem physischen Menschenleibe *unmittelbar* erlebte und erlitt, indem er «durch den Tod des Jesus von Nazareth ging».[66)] In der Tat sagt denn auch Rudolf Steiner, daß es unter allen göttlichen Wesenheiten nur *eine* gegeben habe, die als Mensch in einem physischen Menschenleibe wohnen und den Menschentod erleben konnte:

«Unter den gesamten Wesen der höheren Welt gab es nur eines, das durch den Tod gehen mußte, – wir können auch sagen: *wollte,* – das ist der Christus. Dazu mußte er auf die Erde herabsteigen.»[67)]

Und in einem Vortrag des Zyklus «Der Orient im Lichte des Okzidents», der eine der wenigen Vortragsfolgen ist, die Rudolf Steiner selbst für die Veröffentlichung vorbereitet hat, heißt es:

«Der Christus hatte die Eigenschaften all der anderen Wesenheiten in der Welt draußen, alle die Eigenschaften, die sichtbar waren für das schauende Bewußtsein, und er hatte dazu noch die eine, zu durchbrechen die Grenze, welche die Götterwelt von der Menschenwelt trennt, und herabzusteigen in einen menschlichen Leib, der dazu auf der Erde vorbereitet worden war. Diese Gabe hatte in der göttlich-geistigen Welt nur der Christus. Damit war also *eine* Wesenheit, wohlgemerkt: *eine* Wesenheit der göttlich-geistigen Welt heruntergestiegen bis dahin, wo Wohnung genommen wird in einem menschlichen Leibe innerhalb der Sinneswelt, wo *als Mensch gelebt wird unter anderen Menschen.* Das ist das große, gewaltige Christus-Ereignis.»[68)]

So darf angenommen werden, daß es der Christus-Erzengel war, der als ein Unsterblicher in dem sterbenden Leibe des Jesus von Nazareth den physischen Menschentod unmittelbar erlitten hat. Und durch diesen Christus-Erzengel haben dann auch der Hohe Sonnengeist Christus und der Logos den Tod auf Golgatha auf eine für uns undurchschaubare, geheimnisvolle geistige Weise miterlebt. Denn das Fundament des Christentums ist die Tatsache, daß auf Golgatha der Logos, der Sohnesgott, dem Tode das Leben entbunden hat und auferstanden ist:

«Auf Golgatha ist zuerst die wahre Gestalt des Todes vor die Menschheit hingestellt worden, – und dadurch, daß sich mit dem Tode vermählt hat der Christus, das Abbild des Vatergeistes, der Sohn des Vatergeistes, dadurch ist der Tod auf Golgatha der Ausgang eines neuen Lebens ... und einer neuen Sonne.»[40)]

Ebenso wird von dem Hohen Sonnengeist Christus ausdrücklich gesagt, daß man «seine richtige Gestalt erblicken müsse in dem Auferstandenen»,[41)] d.h. also in dem durch den Tod Gegangenen. Und Paulus hat in der Erscheinung vor Damaskus «dasselbe in der Erden-Aura gesehen, was Zarathustra zuerst als Ahura Mazdao auf der Sonne gesehen hat. Jetzt wußte er: Was am Kreuze war, ist auferstanden.»[69)]

Dieses heilige Mysterium des Fleisch-Werdens des Christus-Erzengels, des Hohen Sonnengeistes Christus und des Logos sowie ihres Durchgangs durch Erdenleiden, Tod und Auferstehung entzieht sich menschlichem Begreifen. Wir müssen uns da in Demut und Ehrfurcht mit einem ahnenden Empfinden bescheiden. Was sich auf Golgatha vollzogen hat, war nicht nur ein irdisches, sondern zugleich ein übersinnliches, ein geistiges Ereignis, eine Götterangelegenheit, die mit irdischen Vorstellungen nicht zu umfassen ist.

# 6. Andere Träger des Christus-Impulses

Nun spricht Rudolf Steiner in seinen Vorträgen noch von weiteren göttlich-geistigen Wesenheiten, die er ebenfalls mit dem Mysterium von Golgatha in Zusammenhang bringt und Christus nennt, von denen er aber nicht sagt, daß sie mit dem Jesus von Nazareth leiblich verbunden gewesen und in Menschengestalt auf der Erde aufgetreten seien.

Zu diesen nur mittelbar am Geschehen auf Golgatha beteiligten Geistwesenheiten gehören die schon erwähnten *Sonnengeister der Weisheit,* die in ihrer Einheit den Christus Jesus inspirierten und in dieser ihrer Einheit auch Christus genannt sind. In der gleichen Art werden die *Elohim*, die führenden Wesenheiten der Geister der Form, in ihrer Einheit als Christus oder Logos bezeichnet. Dieser Elohim hatte sich der Logos schon lange vor seinem Herabstieg auf die Erde bedient, um auf die Menschheitsentwicklung einzuwirken. Dies kommt in den Worten am Anfang des Johannes-Evangeliums zum Ausdruck: «Aus seiner Fülle haben wir alle genommen Gnade über Gnade». Diese «Fülle», das Pleroma, ist nach Rudolf Steiner die Gesamtheit der von der Sonne her wirkenden sechs Elohim, von denen sich der eine, Jahve oder Jehova, als Mondengott abgetrennt hatte.[70] Und durch diesen Mondengott Jahve offenbarte sich Christus vor seinem Erscheinen auf der Erde, so wie das Sonnenlicht sich im Mondenlicht widerspiegelt. Die Kräfte der Elohim waren auch in dem Christus während seines Erdenlebens:

«Die historische Erscheinung des Christus Jesus ist nichts anderes, als daß die Kräfte der sechs Elohim oder des Logos sich verkörpert haben in dem Jesus von Nazareth im Anfang unserer Zeitrechnung, in ihm real da waren in der Welt der Sichtbarkeit. ... (Der Christus) ist nichts anderes als die Verkörperung des Logos, der sechs anderen Elohim, denen vorbereitend der eine, der Jahve-Gott, vorangegangen ist.»[71]

«... die sechs anderen Elohim, die in ihrer Gesamtheit mit dem siebenten Elohim den Christus-Impuls darstellen.»[72]

«Der Sonnenlogos, das Wesen der sechs Elohim tritt ein, und es spricht fortan der Sonnenlogos aus dem Jesuskörper die drei Jahre hindurch.»[73]

Es wird hier nicht eine einzelne Wesenheit aus der Hierarchie der Geister der Form als Logos oder Christus bezeichnet, sondern die Gesamtheit der führenden Geister dieser Art. Bezüglich dieser Gesamtheit der Elohim sagt Rudolf Steiner an anderer Stelle in Anknüpfung an die biblische Schöpfungsgeschichte, daß die Elohim zur Hervorbringung des Menschen noch höhere Kräfte als bis dahin entwickeln, gewissermaßen über sich hinauswachsen mußten, um Hilfe empfangen zu können von einer göttlich-geistigen Wesenheit, die über allen Hierarchien liegt. Dadurch erlangten die Elohim gleichsam ein gewisses Einheitsbewußtsein. «Die Einheit wurde gleichsam wesenhaft, sodaß sie jetzt nicht etwa nur sieben waren, sondern daß die Siebenheit ein Ganzes war, daß wir jetzt von einer ‹ Elohimheit › sprechen können, welche sich auf siebenfache Weise offenbart.»[74]

Im Geistigen ist eine harmonisch zusammenstimmende Gesamtheit von Wesenheiten mehr als die Summe der einzelnen Wesenheiten; es bildet sich dann eine Gemeinschaftsaura, in welche sich eine höhere Wesenheit hineinsenken kann. «Die Bibel kennt die Vorstellung, daß die ... Elohim sich zusammenordnen zu einer Einheit und nachher von einem gemeinsamen Organismus gelenkt werden.»[74] Diese höhere Wesenheit, die sich mit der Elohimheit verband, wird der Logos in dem Hohen Sonnengeist gewesen sein, sodaß diese Einheit der Elohim nun selbst Logos genannt werden konnte. So waren es die *Kräfte* der Elohim in ihrer Einheit, die als Logoskräfte oder Christus-Impuls in der irdischen Persönlichkeit des Christus Jesus wirkten.

Es liegen jedoch noch weitere Äußerungen Rudolf Steiners vor, in denen *einzelne* Wesenheiten Christus genannt werden, die zur Hierarchie der Geister der Form zu gehören scheinen. Allerdings sind diese Hinweise, sofern die Nachschriften der betreffenden Vorträge genau sind, schwer zu deuten. So heißt es einmal:

«Die Wesen, die im Urbeginne der Erdenentwicklung bereits jenen Zustand der Vollkommenheit erlangt hatten, den die Menschheit erst am Ende der Erdenentwicklung erreichen wird, haben ihren Sitz in der Sonne. Zu diesen Wesenheiten gehört der Christus als kosmische Kraft. Also sein Astralleib war zu Beginn unserer jetzigen Erdenentwicklung mit dem Astralleib der Sonne verbunden. Er hatte seinen Sitz in der Sonne. Mit der Erscheinung des Christus auf der Erde senkte sich gleichzeitig der Astralleib dieser kosmischen Kraft des Christusgeistes auf die Erde herab, und seitdem ist sein Astralleib in ständiger Verbindung mit dem Astralleib der Erde geblieben. Durch die Erscheinung des Christus auf Erden hat der Astralleib der Erde von der Sonne her eine ganz neue Substanz erhalten. Wer zur Zeit Christi von einem anderen Planeten heruntergeblickt hätte auf die Erde, der würde das Hinzutreten dieser neuen Substanz zum Astralleibe der Erde ersehen haben an der Änderung der Farbenstrahlung dieses Astralleibes. Durch Verbindung seines Astralleibes mit demjenigen der Erde ist der Sonnengeist Christus *zugleich* Erdgeist geworden. Der Christusgeist ist als der Sonnengeist zugleich Erdgeist. ... Er ist der Planetengeist der Erde geworden; die Erde ist sein Leib, er leitet die Erdenentwicklung.»[75)]

Als Urbeginn der Erdenentwicklung ist der Anfang des alten Saturndaseins zu verstehen, als die Geister der Form die Engelstufe erreicht hatten, zu der die Menschen am Ende der gegenwärtigen Erdenentwicklung aufgestiegen sein werden. Es handelt sich somit bei den hier genannten Wesenheiten um die Geister der Form. Die Kennzeichnung dieses Christus als «kosmische Kraft» legt es jedoch nahe, die angegebenen Worte so zu verstehen, daß dieser Christus nicht selbst ein Geist der Form ist, sondern als eine höhere, «kosmische» Wesenheit sich mit dieser Hierarchie verbunden hat. Darauf deutet auch der Hinweis auf das «Erscheinen des Christus auf der Erde» hin sowie der weitere Hinweis auf die Verbundenheit des Astralleibes dieses Christus mit dem Astralleib der Sonne. Die persische Legende sah, wie angegeben,[13)] in dem Astralleib der Sonne den Ahura Mazdao. Somit könnte hier mit der «kosmischen Kraft» der Hohe Sonnengeist gemeint sein, der sich mit den zur Einheit gewordenen Elohim vereinigt hatte. Das Gleiche könnte auch in Bezug auf folgende Äußerung Rudolf Steiners gelten:

«Bei diesen Elohim, an deren Spitze dann dasjenige Wesen ist, das sich später umwandelt zu dem Christus selber, da habe ich etwas zu tun mit einer Kategorie von Wesenheiten, die während des planetarischen Daseins, welches von uns bezeichnet wird als das Sonnendasein, etwas Besonderes bewirkt hatten. Der Hauptrepräsentant der Entwicklung dieser Wesenheiten weist in das Sonnendasein zurück. Und aus dieser Verbundenheit dieser Wesenheiten mit dem Sonnendasein ist es ja auch, warum Christus selber als eine Sonnenwesenheit von uns angesprochen werden muß.»[76)]

Auch diese Worte lassen die Möglichkeit offen, daß das Wesen, welches «an der Spitze» der Elohim steht und sich später umwandelt zu dem Christus, nicht selbst eine Elohim-Wesenheit ist, sondern wieder jene «kosmische Kraft», die sich mit den Elohim verbunden hatte. Doch da könnte hier auch eine der Elohim-Wesenheiten gemeint sein, die mit einer besonderen Mission im Zusammenhang mit dem Mysterium von Golgatha betraut war und darum ebenfalls Christus genannt ist. Um eine solche einzelne Elohim-Wesenheit handelt es sich offenbar bei einer weiteren rätselhaften Äußerung Rudolf Steiners:

«Als das Blut aus den Wunden des Christus Jesus floß, veränderte sich der ganze Astralleib der Erde. Das ist das kosmische Mysterium von der Bedeutung des Todes Christi. Das darf man nicht bloß mit dem Verstande ermessen. Keine okkulte Schulung wäre hoch genug, dies Ereignis in seiner vollen Bedeutung durchempfinden zu lassen. Es ist dies geschehen: das Ausfließen des Blutes aus den Wunden des Christus Jesus am Kreuze. Was hat sich denn nun in unserem Weltsystem in diesem Zeitpunkt ereignet? Wodurch hat sich der Astralleib der Erde verändert? – Dadurch, daß von diesem Zeitpunkt an einer der Sonnengeister seinen Astralleib mit dem der Erde vereinigt hat. Wir sagten: Unter den Sonnengeistern haben wir mehrere, sechs an der Zahl. Der eine, den wir als den Christusgeist bezeichnen, der hat seinen Astralleib in dem Moment, in dem das Blut aus den Wunden des physischen Leibes floß, mit dem der

Erde vereinigt. Seit diesem Zeitpunkt hat die Erde eine wesentliche Veränderung erfahren, weil die Erde seither mit dem Leibe des Christus eins geworden ist. Heruntergestiegen aus Himmelshöhen ist das Christusprinzip; gelebt hat es im Sonnenleibe bis zum Kreuzestod des Christus Jesus; im Tode vereinigte es sich mit dem Erdenleibe. Seit jener Zeit ist die Erde als planetarischer Körper der Leib des Christus.»[77)]

Mit den sechs Sonnengeistern sind hier vermutlich wieder die sechs Elohim gemeint, die auf der Sonne verblieben waren, während der siebente, Jahve, seinen Sitz auf dem Monde nahm. Dieser eine Sonnengeist, der beim Tode des Christus Jesus seinen Astralleib mit dem der Erde vereinigte, war aber, wie aus den angeführten Worten hervorgeht, nicht schon während des dreijährigen Erdenlebens des Christus Jesus mit diesem unmittelbar verbunden gewesen, sondern er hatte bis zu dem Zeitpunkt des Kreuzestodes «im Sonnenleibe gelebt». Erst als das Blut aus den Wunden des Christus Jesus floß, vereinigte dieser Sonnengeist seinen Astralleib mit dem der Erde. Demgegenüber hatte sich der Astralleib der «kosmischen Kraft des Christusgeistes» schon bei dem Erscheinen des Christus, also schon bei der Jordan-Taufe, auf die Erde herabgesenkt. Es handelt sich also vermutlich um zwei verschiedene Wesenheiten, die ihren Astralleib mit dem der Erde vereinigten, und man wird in diesem zuletzt geschilderten Sonnengeist wieder einen der spirituellen Gehilfen des Logos und des Hohen Sonnengeistes sehen müssen.

Von keiner dieser Wesenheiten der Geister der Form oder Elohim, die Christus genannt sind, ist gesagt, daß sie in dem Jesus von Nazareth gelebt hätte. Doch ist offensichtlich, daß die Elohim in besonderem Maße mit ihren Kräften an dem Mysterium von Golgatha beteiligt waren. Das mag damit zusammenhängen, daß die Elohim in gewissem Sinne die Schöpfer der Erde und der Menschen und die Lenker der Erdenmission sind.[25)]

Eine Darstellung des Christus als *Mystisches Lamm* wurde schon erwähnt, und es zeigte sich, daß es sich dabei vermutlich um den Hohen Sonnengeist Christus handelt. Christus erschien da als der Besitzer des Liebesgeheimnisses, der den Menschen die Kraft der Liebe einprägt. Von einem Mystischen Lamm spricht nun Rudolf Steiner in einem anderen Vortrag noch einmal, jedoch in einer Art, die erkennen läßt, daß der Hohe Sonnengeist damit nicht unmittelbar gemeint sein kann. Das Mystische Lamm wird da als eine Wesenheit beschrieben, die der Tierkreissphäre angehört.

Wie der Mensch als unterstes seiner sieben Wesensglieder den physischen Leib hat, so haben andere, höhere Wesenheiten entsprechend höhere Glieder zu ihrem untersten Prinzip. Denn die Siebengliedrigkeit der Wesen ist ein Weltgesetz, das auch für die höheren Wesenheiten gilt. So gibt es Wesenheiten, die zu ihrem untersten Glied den Ätherleib haben, andere den Astralleib usw.

«Und endlich gibt es Wesenheiten, die mit dem Lebensgeist anfangen, ... und die dafür ein höchstes Glied haben, das wir am besten mit der Zahl 12 bezeichnen. Das sind hohe, erhabene Wesenheiten, die weit hinaufragen über alles, was der Mensch sich nur vorstellen kann.»[78)]

Während der Mensch in gewissem Sinne ein empfangendes Wesen ist, das alles, was es erlebt, der ganzen Weltumgebung verdankt, sind diese Wesen des Tierkreises in Bezug auf ihr Leben nach außen gebend, schöpferisch.

«Sie wissen ja aus der Darstellung, die ich Ihnen immer gegeben habe, wie das Ich auch in den Ätherleib hineinarbeitet, wie die Budhi, der Lebensgeist, nichts anderes ist als ein umgestalteter Ätherleib, sodaß der Lebensgeist substantiell auch ein Ätherleib ist. Ja, das 12. Glied ist bei diesen hocherhabenen Wesenheiten auch ein Ätherleib, aber ein Ätherleib, der Leben ausströmt, der so wirkt in der Welt, daß er das Leben nicht empfängt, sondern hingibt, es fortdauernd zu opfern in der Lage ist. ...

Die Wesenheit, die mit ihrem eigentlichen Leben ganz dem Tierkreis angehört, deren Kräfte ganz dem Tierkreis angehören, die sich nur äußert in ihrem niedersten Glied im Planetenleben, ... das ist diejenige Wesenheit, welche Leben verbreitet über unser ganzes Weltenall. Wie der Mensch das Leben aufnimmt, strahlt diese Wesenheit Leben aus über unser ganzes Weltenall. Das ist diejenige Wesenheit, die das Große Opfer zu bringen vermag, und die im

Tierkreis eingeschrieben ist als die sich für unsere Welt opfernde Wesenheit.

Wie der Mensch aufrecht in den Tierkreis hinein, so sendet uns diese Wesenheit aus dem ‹Widder› ihre Opfergabe dar. Man bezeichnet diese Wesenheit daher als das sich opfernde ‹Mystische Lamm›, denn Lamm ist dasselbe wie Widder. Daher die Bezeichnung des sich opfernden Lammes oder Widders für Christus. Christus wird Ihnen jetzt so charakterisiert als dem ganzen Kosmos angehörig. Sein Ich strebt bis zum Widder. Und strebt das Ich bis zum Widder, so wird es dadurch das ‹Große Opfer› selber und steht so mit der ganzen Menschheit in einem Verhältnis. Und in einer gewissen Weise sind diese Wesenheiten und Kräfte, die auf der Erde sind, seine Schöpfungen. So liegen die Kräfte, daß er Schöpfer dieser Wesen werden konnte, im Sternbild des Widders oder Lammes. Aus dem Himmel selbst ist die Bezeichnung des ‹Opferlammes› oder des ‹Mystischen Lammes› herabgeholt.»[78)]

Die hier als Mystisches Lamm bezeichnete Wesenheit ist offenbar der Führer aller dieser Wesenheiten, deren höchstes Glied Leben ausströmt. Zwar äußert sich diese Wesenheit mit ihrem untersten Glied im Planetensystem, gehört aber nicht unmittelbar zur Sonne, sondern zur Tierkreissphäre. Auch ist nicht gesagt, daß diese Wesenheit auf die Erde herabgestiegen sei und in dem Jesus von Nazareth gelebt habe.

Diese Wesenheit kann weder der Logos noch der Christus-Erzengel sein. Aber auch mit dem Hohen Sonnengeist ist diese Wesenheit offensichtlich nicht identisch, weil sie ein 12. Glied als höchstes hat, während der Hohe Sonnengeist, wie er uns als der Dreizehnte unter den zwölf Aposteln geschildert wird, bereits alle zwölf Bewußtseinsstufen aus sich herausgesondert hat, also ein höheres Wesensglied zu seinem höchsten haben muß.

Als der Dreizehnte unter den Bodhisattvas wurde der mit dem Logos vereinigte Hohe Sonnengeist selbst als der Urquell des Lebens dargestellt. Von ihm muß also auch die lebensspendende Kraft stammen, welche die Wesen der Tierkreissphäre von sich ausstrahlen. So wird man auch in dem Führer dieser Wesenheiten einen der am Mysterium von Golgatha beteiligten spirituellen Gehilfen des Christus zu sehen haben. Weil dieser die lebensspendende Kraft von dem wahren Mystischen Lamm, dem Hohen Sonnengeist Christus, empfängt, er also gewissermaßen der Repräsentant dieses Hohen Sonnengeistes ist, wird auch er Christus genannt in ähnlicher Art, wie der Christus-Erzengel das Wort genannt wird, weil das Weltenwort durch ihn wirkt.

*

In einem weiteren Vortrag erwähnt Rudolf Steiner dann noch eine Christus-Wesenheit, die er das *Welten-Ich* nennt. Dieser Christus wird dargestellt als ein Wesen einer ganz anderen Ordnung als es die an der Erdenentwicklung unmittelbar teilnehmenden Wesen sind.

«Der Christus unterscheidet sich ganz radikal von anderen Wesenheiten, die an der Erdenentwicklung teilnehmen. Er ist ein Wesen einer ganz anderen Ordnung. Er ist ein Wesen, welches nicht nur während der Mondenentwicklung so zurückgeblieben ist wie die luziferischen Geister, sondern welches, vorausschauend die Mondenentwicklung, eigentlich noch früher zurückgeblieben ist, schon während der alten Sonnenentwicklung, und aus einer gewissen sicheren, weit übermenschlichen Weisheit während der alten Sonnenentwicklung zurückgeblieben ist. Diese Wesenheit dürfen wir nicht in dem Sinne wie die anderen angeführten (nämlich die luziferischen) Wesenheiten als eine mikrokosmische ansehen, denn als mikrokosmische Wesenheit haben wir anzusehen diejenigen, die vom Beginn der Erdenentwicklung mit dieser Erdenentwicklung verbunden waren.

Der Christus war nicht unmittelbar mit der Erdenentwicklung verbunden, sondern mit der Sonnenentwicklung. Er war eine makrokosmische Wesenheit vom Beginn der Erdenentwicklung an. ... Und seine Entwicklungsbedingungen waren so, daß diese makrokosmische Christus-Wesenheit außerhalb des Irdischen das makrokosmische vierte Prinzip, das makrokosmische Ich entwickelt hatte. Für seine, also für diese Christus-Entwicklung war es normal, außerhalb der Erde ein Ich makrokosmischer Art bis zur Ich-Vollendung zu bringen und dann zur Erde niederzusteigen, ... und hereinzubringen den großen Impuls vom makrokosmischen Ich, damit das mikrokosmische Ich, das Menschen-Ich, diesen Impuls aufnehme und weiterkommen könne in der Entwicklung. ...

So ist das Christus-Wesen ein Wesen, das in einer gewissen Beziehung dem Menschen gleicht, nur daß der Mensch mikrokosmisch ist und seine vier Prinzipien mikrokosmisch zum Ausdruck gebracht hat, also auch sein Ich mikrokosmisch hat als Erden-Ich, – der Christus aber als *Welten-Ich*. Aber so war bei ihm die Entwicklung vor sich gegangen, daß er eben gerade groß und bedeutend war durch die volle Entwicklung dieses Ich, das er herunterbrachte auf die Erde. Und er hatte nicht das fünfte makrokosmische und nicht das sechste makrokosmische Prinzip, denn die wird er entwickeln, damit er sie dem Menschen geben kann, auf Jupiter und Venus.

Der Christus ist also eine Wesenheit viergliedriger Natur – bis zu seinem makrokosmischen Ich –, wie der Mensch selber mikrokosmisch eine solche ist. Und wie der Mensch während der Erdenzeit die Mission hat, sein Ich auszubilden, um *empfangen* zu können, so hatte der Christus sein Ich auszubilden, um *geben* zu können. ...

So trat der Christus seine Erdenlaufbahn an, indem er dem Menschen aus dem Makrokosmos dasjenige herunterbrachte, was der Mensch mikrokosmisch ausbilden sollte, – nur brachte es der Christus als makrokosmisches Prinzip. Er trat so in die Erdenentwicklung ein, daß er während derselben ebensowenig ein fünftes, sechstes, siebentes Prinzip hatte als Eigentum, wie es der Mensch in seiner Art auch nicht hat.»[79)]

Das Zurückbleiben dieser Christus-Wesenheit während der alten Sonnenzeit ist wohl darin zu sehen, daß sie, nachdem sie ihr makrokosmisches Ich entwickelt hatte, auf die weitere Ausbildung ihrer höheren Wesensglieder verzichtete. Von einem solchen freiwilligen Opfer ihres Aufstiegs im Interesse der Menschheitsentwicklung wird ja auch mehrfach in Bezug auf andere göttlich-geistige Wesenheiten berichtet. Damit eröffnet sich uns wiederum ein Blick auf die mannigfachen Veranstaltungen, die von einer weisen Weltenlenkung um der Menschheitsentwicklung willen getroffen werden mußten, sowie auf die Götteropfer, mit denen die Entwicklung des Menschen zu einem freien Ich-Wesen verbunden ist.

Wer aber ist diese Wesenheit, die hier als das Welten-Ich dargestellt wird? Der Logos kann es natürlich nicht sein. Und gegen eine Identifizierung dieses Welten-Ich mit dem Hohen Sonnengeist spricht die Tatsache, daß diese Wesenheit ihre Entwicklung nur bis zu einem makrokosmischen Ich gebracht hat. Dies ist nicht vereinbar mit der Vorstellung von der Vollendung, mit der uns der Hohe Sonnengeist als der Dreizehnte unter den Aposteln und den Bodhisattvas geschildert wird.

Ebensowenig scheint der Christus-Erzengel dieses Welten-Ich zu sein. Selbst wenn man annehmen wollte, daß das Ich, das der Christus-Erzengel in der alten Sonnenzeit während seines Durchgangs durch die Menschenstufe ausgebildet hatte, als ein makrokosmisches Ich anzusehen ist, bleibt zu bedenken, daß diese Wesenheit sich seit jener Zeit weiter entwickelt hat von der Menschenstufe zur Erzengelstufe, d.h. also ihr fünftes und sechstes Prinzip ausgebildet hat. So bemerkt auch Rudolf Steiner gelegentlich ausdrücklich, daß der Christus-Erzengel sich während der alten Mondenzeit und der Erdenzeit höher entwickelt habe.[14] Zwar heißt es in dem vorerwähnten Vortrag über das Welten-Ich noch, daß «der fleischliche Leib des Jesus von Nazareth einmal durchsetzt und durchdrungen und durchkraftet war von einem vierten makrokosmischen Prinzip». Indessen könnte dies in dem gleichen Sinne zu verstehen sein, wie z.B. auch die Kräfte der sechs Elohim «sich verkörpert haben» in dem Jesus von Nazareth, obwohl die Elohim nicht selbst mit dem Jesus unmittelbar verbunden waren.

Somit scheint das Welten-Ich einer der spirituellen Gehilfen am Mysterium von Golgatha zu sein. Der Urquell der Ichheit ist der Logos;[70] er ist das Welten-Ich im eigentlichen Sinne, das kosmische Ich,[73] in welchem das menschliche Ich seinen Urgrund hat. Die Menschen-Iche sind «die Glieder des Sonnenlogos».[80] Und da der Sonnenlogos in dem Christus Jesus auf der Erde lebte, heißt es in der «Geheimwissenschaft»: «In dem Menschen, der den Christusnamen trägt, leben auch die Kräfte des hohen Sonnenwesens, in denen jedes menschliche Ich seinen Urgrund findet».

Die hier als Welten-Ich beschriebene Wesenheit stieg in der Zeitenwende von der Sonne zur Erde herab, um der Menschheit ihre makrokosmischen Ichkräfte hinzuopfern. Vermutlich hatte Rudolf Steiner diese Wesenheit im Auge, als er sagte: «Als kosmischer Mensch kam Christus von der Sonne»,[81] weil sie makrokosmisch auf der gleichen Entwicklungsstufe steht wie der Mensch mikrokosmisch. Dieses Welten-Ich vereinigte seine Kräfte mit denen des Christus Jesus, ohne sich leiblich mit dem Jesus von Nazareth zu verbinden, in der gleichen Art, wie das Mystische Lamm der Tierkreissphäre, die Geister der Weisheit und die Elohim. Es sind dies die spirituellen Gehilfen, die im weiteren Sinne die Mitträger des Christus-Impulses sind, und die, weil sie von der Christuskraft des Logos erfüllt sind, ebenfalls Christus genannt werden. Denn im Grunde genommen ist es doch immer der Logos, der als Christus durch die anderen Wesenheiten wirkt, indem er sich ihrer speziellen Kräfte bedient. Zu diesen spirituellen Gehilfen gehört wohl auch eine Wesenheit, auf die Rudolf Steiner einmal kurz hinweist mit den Worten: «Mit Sonne und Erde verbunden ist nun ein Wesen, das ein sehr verborgenes und geheimnisvolles ist; doch von dem wollen wir jetzt nicht reden».[82]

Vermutlich ist mit den angeführten Wesenheiten die Reihe der nur mittelbar am Mysterium von Golgatha beteiligten göttlich-geistigen Wesenheiten noch nicht erschöpft. Man darf sich vorstellen, daß der kosmische Christus, d.h. der Logos und der Hohe Sonnengeist, bei seinem Herabstieg auf die Erde durch die ganze Reihe der Hierarchien hindurchgeschritten ist und dabei die speziellen Kräfte aller dieser Hierarchien in ihren Repräsentanten mit sich vereinigt hat, um sie in die Erden- und Menschheitsentwicklung einfließen zu lassen. So sagt Rudolf Steiner auch einmal, daß in dem Christus der Hingabewille und das Liebesfeuer der Seraphim, die Weltenweisheit der Cherubim und die Weltenkraft der Throne gegenwärtig gewesen seien.[83]

# 7. Der Jesus von Nazareth

Eine Darstellung der Christus-Erscheinung auf der Erde wäre nicht vollständig, wenn nicht auch der Anteil der Menschheit selbst an dem Geschehen in der Zeitenwende in Betracht gezogen würde, wie es in dem Eins-Werden der Christus-Wesenheit mit dem Menschen Jesus von Nazareth zum Ausdruck kommt. Wie bekannt, spricht Rudolf Steiner von zwei Jesusknaben, die im Beginn unserer Zeitrechnung zu annähernd gleicher Zeit in Palästina geboren wurden. In dem einen, dem salomonischen Jesusknaben des Matthäus-Evangeliums der aus der königlichen Linie des Hauses David stammte, war die Individualität des Zarathustra wiederverkörpert, der schon durch viele Inkarnationen hindurchgegangen war und auf einer sehr hohen Stufe menschlicher Geisteskultur stand. In dem anderen, dem nathanischen Jesusknaben des Lukas-Evangeliums, der aus der priesterlichen Linie des Hauses David hervorging, lebte ein Menschlich-Seelenhaftes, das sich damals zum ersten Male vollständig in einem menschlichen physischen Leibe verkörperte. Es war dies gleichsam ein Teil der Adamseele vor dem Sündenfall, als die Menschenseelen noch eine Einheit bildeten, die man als die noch von göttlichen Kräften erfüllte und getragene Ur-Seele oder das Ur-Ich der Menschheit betrachten kann. «Dieser reine Mensch ist Adam Kadmon genannt worden. Wenn die Bibel anfangs vom Menschen spricht, spricht sie von diesem reinen Menschen.»[84)]

In jeder dieser noch in Einheit vereinigten Seelen lebte als Anlage die Kraft der ganzen Menschheit, so wie in jedem der in einer Wassermenge ununterscheidbar miteinander vermischten Wassertropfen alle Eigenschaften der Wassermenge enthalten sind. Und als dann die Einheit der Seelen sich in die einzelnen Menschen-Iche auflöste und diese in die Erdenverkörperungen einzugehen begannen, wobei sie durch die luziferisch-ahrimanischen Einflüsse allmählich ihre göttliche Natur verloren, blieb die noch von der ursprünglichen göttlichen Kraft der Ur-Seele erfüllte Seele des späteren nathanischen Jesus in den geistigen Welten zurück bis zu ihrem Erscheinen auf der Erde in der Zeitenwende. Dieses zurückgebliebene Menschentum stellte dar das rein gebliebene Urbild des Menschen «mit all dem, was er sich angeeignet hatte durch die Saturn-, Sonnen- und Mondenzeit.»[85)]

Mit diesem reinen Menschlich-Seelenhaften des späteren nathanischen Jesus hatte sich die Christus-Wesenheit schon früher bei den drei sogenannten «Vorstufen» des Mysteriums von Golgatha in den überirdischen Welten verbunden, wobei diese Seele in den übersinnlichen Welten ätherische Menschengestalt angenommen hatte. Dadurch war es dem Christus möglich gewesen, zur Rettung des physischen, des ätherischen und des astralischen Menschenleibes, die durch die Einwirkungen Luzifers und Ahrimans in Unordnung zu kommen drohten, helfend und heilend in die Menschheitsentwicklung einzugreifen. Das Mysterium von Golgatha geschah dann zur Rettung des vierten menschlichen Wesensgliedes, des Ich.[86)]

In einer gewissen Weise war dieses Menschen-Urbild schon einmal in einer sozusagen stellvertretenden Verkörperung auf der Erde erschienen als *Krishna* im alten Indien. «Diese Schwesterseele des Adam war verkörpert in Krishna sozusagen das einzige Mal, wo sie erscheinen mußte, um auch physisch sichtbar zu werden, und dann wiederum wurde sie im Lukas-Jesusknaben verkörpert.»[54)] Was sich da in Krishna kundgegeben hatte und dann in der Zeitenwende in dem nathanischen Jesusknaben wiedererschien – aber jetzt zum ersten Male richtig physisch verkörpert –, das ist

«der Mensch im allgemeinen, – man möchte fast sagen: die Menschheit als solche, als einzelne Wesenheit aufgefaßt. ... So blickt der Mensch, indem er zu Krishna aufblickt, zugleich zu seinem eigenen höchsten Selbst hinauf, zugleich aber auch zu einem anderen, das wie ein anderer Mensch vor ihm stehen kann, und in dem er als in einem anderen zugleich das verehrt, was er der Anlage nach ist, und was doch ein anderer ist wie er, das sich zu ihm verhält wie ein Gott zu dem Menschen.»[87)]

Von diesem göttlich gebliebenen Menschen-Urbild heißt es dann noch in einem anderen Vortrag:

«Zum Menschenursprung hinauf, zur Menschenseele, als diese noch nicht heruntergestiegen war, selbst noch nicht heruntergestiegen war in Adams Natur, erinnerte sich der Mensch zur Weihnachtszeit. Das wollte er sagen, daß in Bethlehem in Palästina geboren wurde jene Seelensubstanz, die nicht teilgenommen hat an dem Abstieg der Menschheit, sondern zurückgeblieben war und zum ersten Male eigentlich einzog in einen Menschenleib, indem sie in dem Lukas-Jesusknaben verkörpert wurde. ... Blickt man zurück auf das, was die alten Zeiten genannt haben ‹ Adam Kadmon ›, was dann zum ‹ Christus ›-Begriff geworden ist, dann entflammt sich in der Menschenseele Vertrauen zur Richtigkeit der Menschenkraft, entflammt sich das Vertrauen in die ursprüngliche Friedens- und Liebesnatur der Menschheit.»[83)]

Hier wird also das Menschen-Urbild Adam Kadmon geradezu mit dem Christus-Begriff gleichgesetzt, ein weiterer Beweis dafür, wie vieldeutig und inhaltvoll dieser Begriff von Rudolf Steiner verwendet wird.

*

Bei diesem nathanischen Jesus haben wir es mit einer höchst rätselvollen Erscheinung zu tun. Was damals als Jesus geboren wurde und dann bis zu seinem 30. Lebensjahre heranwuchs, war zunächst nur eine aus den drei niederen Wesensgliedern – dem physischen Leib, dem Ätherleib und dem Astralleib – bestehende Menschenhülle. Das vierte Wesensglied, der Ich-Leib, war in diesem Jesus nur als eine noch ganz unentwickelte Anlage vorhanden in der Form, welche diese Anlage gehabt hatte, als die Menschen in der lemurischen Zeit der Erdenentwicklung mit diesem Ich-Glied begabt worden waren. Diese Ich-Anlage hatte sich bei dem Jesus nicht entwickeln können, weil er noch durch keine eigentliche Erdenverkörperung hindurchgegangen war. Darum hatte dieser Ich-Träger auch das eigentliche Ich des Jesus noch nicht in sich aufnehmen können.

Diese von allen Ergebnissen der bisherigen Erdenentwicklung unberührt gebliebene Jesus-Wesenheit zeigte wenig Aufnahmefähigkeit für das Erkennen der äußeren Welt, dafür aber eine einzigartige Innerlichkeit und Gefühlstiefe. Wie in einer Art von höherem Traumbewußtsein lebte dieser nathanische Jesus zunächst, bis zu seinem 12. Lebensjahr das Zarathustra-Ich, das bis dahin in dem salomonischen Jesusknaben gelebt hatte, auf geheimnisvolle Weise in die Leiblichkeit des nathanischen Jesus hinübertrat und darin blieb bis zu dessen 30. Lebensjahre. Während dieser Jahre durchgeistigte das Zarathustra-Ich die Wesensglieder des nathanischen Jesus und brachte diese auf eine denkbar vollkommene Stufe hinauf. So verband sich mit der unendlichen Liebe-, Hingabe- und Empfindungsfähigkeit des nathanischen Jesus die höchste erkenntnismäßige Eindringlichkeit in die äußeren Weltverhältnisse, über die das Zarathustra-Ich verfügte. Was während dieser Jahre das Zarathustra-Ich in dem nathanischen Jesus erlebte und wirkte, wurde, wie anzunehmen ist, von der Seele des nathanischen Jesus zwar nicht vollbewußt, aber doch fühlend und empfindend miterlebt. Und nachdem das Zarathustra-Ich den Leib des nathanischen Jesus in dessen 30. Lebensjahre wieder verlassen hatte, konnte bei der Jordan-Taufe die göttliche Christus-Wesenheit in die so zubereitete Hüllennatur des nathanischen Jesus einziehen.

Auch der Ich-Träger, die Ich-Organisation des nathanischen Jesus wurde wie dessen andere Wesensglieder von dem Ich des Zarathustra nach seinem Übertritt in den Körper des nathanischen Jesus erfüllt und zur Aufnahme des Christus-Ich vorbereitet, blieb dann aber, nachdem das Zarathustra-Ich den Jesusleib wieder verlassen hatte, gleichsam wie ein leeres Gefäß, in welchem nur «ein Abbild dieses (Zarathustra-)Ich gleich einem Siegelabdruck verblieben» war,[89] zurück bis zum Einzug des Christus-Ich. Darum spricht Rudolf Steiner immer nur davon, daß Christus bei der Jordan-Taufe in eine dreifache Hülle des nathanischen Jesus einzog.

«Ein besonderes Ich, eine Egoität, wie sie ja in der lemurischen Zeit geboren wurde im Menschen, war gar nicht im nazarenischen Jesusknaben. Hätte er sich fortentwickelt, ohne daß der Zarathustra hinübergegangen wäre, so hätte kein Ich geboren werden können. Er hatte, was als heilige drei Glieder zusammengefügt worden war, und er bekam erst da die Begabung mit dem Ich, wo der Astralleib den Christus aufnahm.»[90]

Und von dem Jesus, der sich auf den Weg zur Jordan-Taufe begab, nachdem das Zarathustra-Ich ihn verlassen hatte, sagt Rudolf Steiner:

«Sie werden verstehen, daß dieses Wesen, das jetzt als Jesus von Nazareth aus einem, man möchte sagen: unbestimmten kosmischen Drange – für ihn unbestimmten, für den Kosmos sehr bestimmten Drange heraus – zu der Johannes-Taufe im Jordan ging, nicht in demselben Sinne als Mensch anzusprechen ist wie andere Menschen. Denn das, was dieses Wesen als Ich ausgefüllt hatte seit seinem zwölften Jahre, war das Zarathustra-Ich. Dieses Zarathustra-Ich war jetzt fort. Es lebte nur in den Wirkungen dieses Zarathustra-Ich weiter.»[91]

Und an anderer Stelle:

«Wie in einer Art von Traum, der aber doch wieder kein Traum war, sondern ein höheres Bewußtsein, so ging er den Weg, und nur die drei Hüllen waren da, durchgeistigt und durchpulst von den Wirkungen der Erlebnisse seit dem zwölften Jahre.»[92]

Dieses höhere Bewußtsein war nicht in dem Jesus gegenwärtig, weil in ihm jetzt kein menschliches Ich-Bewußtsein vorhanden war.

Zu der im nathanischen Jesus verkörperten Seele gehört nun aber selbstverständlich auch ein höheres Geist-Seelenwesen, ein höheres Ich, das durch die Saturn-, Sonnen- und Mondenentwicklung hindurch physischen, Äther- und Astralleib gestaltet hatte. So spricht denn auch Rudolf Steiner von einer «Kraftwesenheit», d.h. von dem «wahren Ich», die durch elf mal sieben Generationen den astralischen Leib und das Ich-Glied des nathanischen Jesus für die Aufnahme des Christus zubereitet hatte und ihre Kraft in diese Wesensglieder des nathanischen Jesus einstrahlen ließ:

«Diejenige Kraftwesenheit des göttlich-geistigen Daseins, die in das Ich und in den astralischen Leib des nathanischen Jesus hineingetaucht worden ist, müssen wir verfolgen bis da hinauf, wo der Mensch zum ersten Male in eine irdische Verkörperung gestiegen ist. ... In dem nathanischen Jesus sollte dargestellt werden, was der

Mensch nicht aus irdischen, sondern aus himmlischen Verhältnissen hat. So schildert uns das Lukas-Evangelium die göttlich-geistige Wesenheit, die durchdrungen, imprägniert hat astralischen Leib und Ich des Lukas-Jesus.»[93]

Die physische und ätherische Hülle des nathanischen Jesus wurde dadurch für die Aufnahme des Christus vorbereitet, daß eine andere göttliche Kraftwesenheit, die der Zarathustra-Seele, zunächst denjenigen Körper durch sechs mal sieben Generationen zubereitet hatte, der den salomonischen Jesus, die Zarathustra-Individualität, bis zum 12. Lebensjahr beherbergte. Und als das Zarathustra-Ich den Leib des salomonischen Jesusknaben verließ, um in den des nathanischen Jesus hinüberzugehen, nahm es die göttlichen Kräfte des physischen und des ätherischen Leibes mit hinüber in den anderen Leib.[93]

«Dann haben wir gesehen, daß ... die Zarathustra-Individualität den zwölfjährigen Matthäus-Jesus verläßt und hinüberdringt in den nathanischen Jesus des Lukas-Evangeliums, um dort weiter zu leben und auszubilden den astralischen Leib und den Ich-Träger mit den Errungenschaften, welche sie sich angeeignet hatte in dem besonders zubereiteten physischen Leib und Ätherleib des Matthäus-Jesus. ... Das Göttliche, die Kräfte waren mit hinübergegangen in den anderen physischen Leib des nathanischen Jesus. Daher war dieser physische Leib des Jesus von Nazareth so vollkommen, weil er seinen Leib ganz durchsetzt hatte mit den Kräften, die er aus dem Leibe des salomonischen Jesus mitgenommen hatte.»[13]

Das höhere Geist-Seelenwesen des nathanischen Jesus war bei seiner Geburt wie das eines jeden Menschen in der geistigen Welt verblieben, dort aber schon mit der Christus-Wesenheit verbunden. Darum spricht Rudolf Steiner gelegentlich von dem «Christus Jesus» auch schon für die Zeit vor der Johannes-Taufe im Jordan.[94] Und als der Christus bei dieser Jordan-Taufe in die leiblichen Hüllen des Jesus von Nazareth einzog, trat zusammen mit ihm auch das höhere Geist-Seelenwesen, das höhere Ich des Jesus in seinen Erdenleib ein.

«Ein reales Ereignis, das Sie im Johannes-Evangelium beschrieben finden, ist das Herabfahren des Geistes als Taube auf Jesus; damit ist zugleich die höhere Geburt des Jesus gemeint.»[95]

Die höhere Geburt bedeutet die Geburt des höheren Ich im Menschen. Es war das höhere Ich, das «wahre Ich» dieses Jesus selbst, das bei der Jordan-Taufe, vereint mit dem Christus-Ich, in seine Erdenleiblichkeit eintrat. Wie Johannes der Täufer durch «eine Gnade von oben» die Wassermann-Initiation empfangen hatte, so hatte «sich die Persönlichkeit des Jesus von Nazareth dazu vorbereitet, daß sie die Fische-Initiation empfangen und dadurch den Christus in sich aufnehmen konnte.»[96)] «Jesus ist der durch die Innewohnung der Christus-Wesenheit Eingeweihte.»[97)] Diese höhere Geburt des Jesus bei der Jordan-Taufe war eine Einweihung ganz neuer Art:

«Alle vorchristlichen Eingeweihten hatten die Erfahrungen der Einweihung außerhalb des physischen Leibes gemacht. ... In Jesus ist zum ersten Male ein Wesen auf die Erde gekommen, das, im physischen Leibe bleibend, das Leben der höheren Welten erschauen konnte.»[34)]

*

Doch wird man in dem Jesus von Nazareth auch nach der Jordan-Taufe, obwohl sein höheres Ich jetzt in ihm wohnte, nicht eine menschliche Individualität wie andere Menschen, eine Persönlichkeit im gewöhnlichen Sinne sehen dürfen. Eine Persönlichkeit wird der Mensch dadurch, daß er sich aus dem göttlichen Zusammenhang löst und durch viele Inkarnationen zum freien Selbstbewußtsein entwickelt. Das Ich-Wesen des nathanischen Jesus aber hatte sich noch nicht aus seinem Zusammenhang mit dem Göttlichen herausgelöst; es lebte als ein noch Göttlich-Menschliches auch nach der Jordan-Taufe in seinen Erdenhüllen. Es war von Bewußtsein erfüllt, aber von göttlichem Bewußtsein, nicht von einem irdisch-menschlichen Bewußtsein. So betont auch Rudolf Steiner stets, daß in dem Jesus von Nazareth von der Jordan-Taufe an kein menschliches, sondern ein göttliches Ich lebte.

Dieses Göttlich-Menschliche, das von der Johannes-Taufe an zusammen mit der Christus-Wesenheit in dem Erdenleibe des Jesus von Nazareth lebte, war, wie schon bemerkt, von der gleichen

Wesensart wie das, was der Anlage nach in jedem Menschen ruht, das Menschen-Urbild, also sozusagen das göttliche Ich der ganzen Menschheit.

«Wichtig ist es nun, daß der vierte nachatlantische Kulturzeitraum sich vergleichen läßt mit der menschlichen Ich-Entwicklung, – daß das Ich der ganzen Menschheit selber hereinschlägt in die Menschheitsentwicklung.»[98]

«Die Mutterseele der Menschheit» nennt Rudolf Steiner die Seele, die in dem nathanischen Jesus nach der Johannes-Taufe lebte.[99] Man muß hier unterscheiden zwischen dem eigentlichen *göttlichen Ur-Ich* der Menschheit, dem Christus-Ich, und dem *menschlichen Ur-Ich.* Aus dem göttlichen Ur-Ich ist das Ur-Ich der Menschheit hervorgegangen, das sich zu den einzelnen Menschen-Ichen individualisiert hat, aber in dem höheren Ich des nathanischen Jesus aufbewahrt geblieben war. So wird man in dem Ich der ganzen Menschheit nicht allein das Christus-Ich zu sehen haben, sondern auch das höhere Ich des nathanischen Jesus. Das Christus-Ich ist kein menschliches, sondern ein göttliches. «Weil der Christus nicht als solcher ein menschliches Ich ist und der Menschheit angehört, sondern den höheren Hierarchien», nahm er bei seinem Herabstieg auf die Erde «den Krishna zu seiner eigenen Seelenhülle, durch die er dann fortwirkt».[54] Diese Seelenhülle des Krishna ist ja jetzt die des nathanischen Jesus. (Damit wird wiederum angedeutet, daß es der Christus-Erzengel war, der sich, den Logos und den Hohen Sonnengeist in sich tragend, unmittelbar mit der Seelenhülle des Jesus verband. Denn der Hohe Sonnengeist und der Logos gehören nicht den Hierarchien an.) Wenn also Rudolf Steiner in seinen Vorträgen von dem Ich der ganzen Menschheit spricht, dann kann dies in dem angegebenen Sinne sowohl auf das Christus-Ich wie auch auf das höhere Ich des nathanischen Jesus bezogen werden.

*

Daß in dem Jesus von Nazareth nach der Johannes-Taufe im Jordan das höhere Geist-Seelenwesen dieses Jesus lebte, geht auch aus anderen Äußerungen Rudolf Steiners hervor. Was in einem Kinde in den ersten drei Lebensjahren aus seinem Zusammenhang mit der geistigen Welt an der Ausgestaltung seiner Leibeshüllen wirkt, sind die Kräfte seines höheren Selbstes, seines «wahren Ich», das erfüllt ist von der Christuskraft. «Die am Menschen im Kindheitsalter wirksamen Kräfte erkennen, heißt den Christus im Menschen erkennen.»[100] Diese geistigen Kräfte können nur solange unmittelbar an der menschlichen Organisation wirken, wie diese noch gleichsam kindlich weich und bildsam ist.

«Diese Kräfte sind so gewaltig, daß, wenn sie später noch wirken würden, unsere Organisation hinsiechen müßte unter der Heiligkeit dieser Kräfte. ... Erst am Ende aller Erdenleben wird der Mensch das in sich haben können, was ihn länger als drei Jahre mit jenem Geistwesen leben läßt.»[100]

Bei der Johannes-Taufe aber trat dieses höhere Selbst des nathanischen Jesus, das sonst ein Kind in seinen ersten drei Lebensjahren nur überschwebt, in den voll erwachsenen und durch das Zarathustra-Ich hochentwickelten Erdenleib ein.

«Der menschliche Organismus, welcher bei der Johannes-Taufe am Jordan stand, als das Ich des Jesus von Nazareth aus den drei Leibern fortging, barg nach der Taufe in voller bewußter Ausgestaltung jenes höhere Menschheitsselbst, das sonst, dem Menschen unbewußt, mit Weltenweisheit am Kinde wirkt. Aber damit war die Notwendigkeit gegeben, daß dieses mit der höheren Geistwelt zusammenhängende Selbst nur drei Jahre in dem entsprechenden Menschenorganismus leben konnte. Es mußten dann die Tatsachen so verlaufen, daß nach drei Jahren das irdische Leben dieses Menschen zu Ende war.»[100]

Auch hier wird mit dem Menschheitsselbst wieder das höhere Selbst des nathanischen Jesus gemeint sein, das der Repräsentant des Selbstes der ganzen Menschheit ist. Denn das Christus-Selbst ist kein menschliches, sondern ein göttliches. Und wenn es heißt, daß dieses Menschheitsselbst «in voller bewußter Ausgestaltung» nach der Johannes-Taufe in dem Jesus lebte, so ist dieses Bewußtsein, wie schon angedeutet, nicht als ein irdisch-menschliches Bewußtsein, sondern als ein göttlich-menschliches Bewußtsein zu verstehen, das von dem Christus-Selbst erfüllt war.

So wurde bei der Jordan-Taufe das Ur-Ich der Menschheit, das göttliche Urbild des Menschen, Adam Kadmon, das zuerst in Adam Erdenmensch geworden war, in seiner ursprünglichen Himmelsgestalt sozusagen wiedergeboren:

«Adam war derjenige, der aus den geistigen Höhen in die Materie heruntergeschickt worden ist; er ist in diesem Sinne *der Sohn des Gottes*.... Adam war ein irdisches Abbild des Sohnes des Gottes, und von diesem Adam stammen die Menschen ab, die im physischen Leibe sind. Und in diesem Jesus von Nazareth lebte auf eine besondere Weise nicht nur das, was in jedem Menschen lebt und was sonst in dem Menschen ist; sondern es lebte in ihm etwas, was man nur finden kann seiner Wesenheit nach, wenn man sich bewußt wird, daß das Wesentliche im Menschen vom Göttlichen abstammt. In dem Jesus von Nazareth ist noch etwas ersichtlich von dieser göttlichen Abstammung....

Wie der Gott herabgestigen ist in die Materie und als Gott verschwunden ist im Menschengeschlecht, so erscheint er wieder. Die Menschheit konnte in ihrem Innersten, Göttlichen wiedergeboren werden in dem Jesus von Nazareth! ...

Und das, was als Christus in dem Jesus von Nazareth lebte, war das höhere göttliche Ich der ganzen Menschheit, des wiedergeborenen, in Adam als in seinem Ebenbilde irdisch gewordenen Gottes. Dieses wiedergeborene Menschen-Ich setzte sich fort als ein heiliges Geheimnis, wurde aufbewahrt unter dem Symbolum des Rosenkreuzes, und wird heute verkündet als das Geheimnis des Heiligen Gral, als das Rosenkreuz. ...

Wie in jedem *einzelnen* Menschen das höhere Ich geboren wird, so wird in Palästina *das höhere Ich der ganzen Menschheit,* das göttliche Ich geboren.»[4]

Auch hier wird das göttliche Ich der ganzen Menschheit, das nach der Jordan-Taufe in dem nathanischen Jesus lebte, wieder «Christus» genannt. Und dieses wiedergeborene, von der Christus-Wesenheit durchdrungene Urbild des Menschen meinte Paulus, als er von dem zweiten oder letzten Adam sprach.

Noch in einem weiteren Vortrag bezeichnete Rudolf Steiner die seinerzeit zurückgehaltenen spirituellen Kräfte des nathanischen Jesus als «Christus» und «Christus-Impuls», wobei er noch besonders darauf hinweist, daß diese Kräfte erst bei der Johannes-Taufe, also nicht etwa schon bei der Geburt des Lukas-Jesus in die Erdenentwicklung eingetreten waren.

«Ich möchte hier eine Anmerkung machen in Bezug auf das, was ich über den Christus-Impuls gesagt habe, was ich gesagt habe über das Zurückbleiben eines Teils gewisser spiritueller Kräfte wie ein Übermenschliches, als die Menschheit ihre Entwicklung hier auf der Erde anfing durchzumachen, und daß dieser Impuls eingeströmt ist in der Zeit, die wir bezeichnen können als angedeutet in der Bibel durch die Johannes-Taufe im Jordan. Sodaß dasjenige eingetreten ist, was nicht die luziferischen Kräfte aufgenommen hat, was gewartet hat bis zum vierten Kulturzeitraum, um sich dann mit der Menschheit zu vereinigen. ...

Wenn wir nun den Christus-Impuls so ins Auge fassen, daß wir in ihm das Herabströmen jenes geistigen Impulses sehen, der in der alten lemurischen Zeit zurückgeblieben ist, und der sich mit der Erdenentwicklung vereinigt hat in der vierten nachatlantischen Kulturperiode in dem Zeitpunkt, der durch die Johannes-Taufe im Jordan bezeichnet wird, und der vollendet wird durch das Mysterium von Golgatha, – dann haben wir in dem Christus-Impuls – wenn wir ihn so darstellen, – etwas, von dem wir immer aussagen, daß das, was wir den ‹Christus› nennen, ja auch damals nicht in einem gewöhnlichen physischen Menschen verkörpert war. Wir wissen, wie kompliziert jener ‹Jesus von Nazareth› gestaltet war, um durch die drei Jahre seines Lebens hindurch den Christus-Impuls aufnehmen zu können. Daher sind wir uns klar, daß durch die drei Jahre, umhüllt durch die drei Hüllen eines anderen Menschen, der Christus-Impuls auf der Erde gelebt hat, sind uns aber auch klar, daß der Christus-Impuls auch dazumal nicht auf der Erde «verkörpert» war, sondern nur das Fleisch desjenigen durchdrang, ausfüllte, der als der Jesus von Nazareth da stand.»[101)]

Es waren bei der Geburt des nathanischen Jesus zunächst nur

dessen niedere Hüllenglieder in die Erdenentwicklung eingetreten, während das höhere Geist-Seelenwesen dieses Jesus erst bei der Taufe im Jordan sich mit seinen niederen Hüllengliedern verband. Dadurch, daß das Zarathustra-Ich eine Reihe von Jahren hindurch in den leiblichen Hüllen des Jesus von Nazareth gelebt und in sie hineingegossen hatte, was es sich in vielen Inkarnationen an Geisteskultur erworben hatte, war dieser Leib des nathanischen Jesus in gewissem Sinne die Leiblichkeit des Zarathustra geworden, weshalb auch Rudolf Steiner vielfach Zarathustra den Christus-Träger nennt.

*

Indem Christus das Menschen-Urbild zu seiner Seelenhülle nahm, konnte er, wie schon bei den Vorstufen des Mysteriums von Golgatha, auch seine Erlösungstat auf Golgatha mit Menschenkräften vollbringen.

«Mit göttlichen Kräften haben die vorchristlichen Erlöser die Menschheit erlöst. Mit Menschenkräften hat Christus die Menschheit erlöst. ... Es mußte eine starke Himmelskraft in den physischen Stoff hineinstrahlen, sich in den physischen Stoff hineinopfern. Nicht bloß ein Gott in der Maske der Menschengestalt durfte es sein, sondern ein wahrer Mensch mit Menschenkräften, der den Gott, der sich opfert, in sich trägt, mußte es sein.»[102)]

Es war das höhere Geist-Seelenwesen des nathanischen Jesus, das Ur-Ich der Menschheit, das sich als «starke Himmelskraft» in die physische Leiblichkeit hineinopferte, um den sich opfernden Gott, den Christus-Gott, in sich aufzunehmen. Dadurch ist dieses Ur-Ich der Menschheit selbst zu einem Teil des Christus-Impulses geworden.

Christus blieb auch nach seiner Auferstehung mit der Seelenhülle des Jesus verbunden, kleidete sich in sie und wirkte in ihr fort.

«Die Ereignisse, die sich während des Verweilens des Christus in dem Leibe des Jesus von Nazareth abspielten, führten dahin, daß nun tatsächlich der physische Tod eintrat für den physischen Leib des Jesus von Nazareth, daß der Geist des Christus die drei Tage außerhalb des physischen Leibes weilte, dann aber zurückkehrte, und jetzt nicht in den physischen Leib, sondern in den verdichteten Ätherleib, so verdichtet, daß ihn die Jünger wahrnehmen konnten, wie es in den Evangelien geschildert ist.»[103)]

In der Regel beginnt beim Tode eines Menschen dessen Ätherleib sich von der Seele zu trennen und löst sich nach drei Tagen in den Weltenäther hinein auf. Der Ätherleib des Jesus von Nazareth blieb erhalten, weil er ganz durchdrungen war von dem Christus. Nachdem Christus während der drei Tage «in jener Welt, in welcher die Seelen nach dem Tode weilen, die Macht Ahrimans in ihre Schranken» gewiesen hatte (Geheimwissenschaft), kehrte er in den Ätherleib des Jesus zurück, um sich fortan in ihm zu offenbaren. Die Trennung des Christus von dem Ätherleib des Jesus von Nazareth war also nur eine vorübergehende. In diesem Sinne kann vielleicht auch die folgende Äußerung Rudolf Steiners verstanden werden:

«Etwas, was nur in längeren Auseinandersetzungen gewiß werden könnte, was ich hier nur mitteilen kann, soll unsere Betrachtung abschließen. Wir sehen den Christus-Impuls eintreten in die Menschheitsevolution durch das Mysterium von Golgatha. Wir wissen, daß dazumal mit dem Ereignisse des Mysteriums von Golgatha ein menschlicher Organismus, bestehend aus physischem Leib, ätherischem Leib und dem Astralleib, den Ich-Impuls von oben herunter als Christus-Impuls aufgenommen hat. Dieser Christus-Impuls war es, der von der Erde aufgenommen worden und in das Erden-Kulturleben eingeflossen ist. Er war jetzt darinnen als das Ich des Christus. Wir wissen ferner, daß geblieben sind bei Jesus von Nazareth der physische Leib, der Ätherleib und der Astralleib. Der Christus-Impuls war ja wie das Ich darinnen. Jesus von Nazareth trennte sich von dem Christus-Impuls auf Golgatha, der dann einfloß in die Erdenentwicklung. Dieser Impuls bedeutet in seiner Entwicklung die Erdenentwicklung selber.»[104)]

*

Die Auferstehung des Christus bedeutet die Rettung des menschlichen physischen Leibes vom Tode und damit die Rettung des Ich, weil die Entstehung des Ich-Bewußtseins an den physischen Leib gebunden ist. Dieser war durch die luziferische Verführung einer fortschreitenden Zerstörung verfallen, die nach und nach zu einem vollständigen Verlust des Ich-Bewußtseins hätte führen müssen. Den physischen Leib hat Christus dadurch dem Tode entrissen, daß er dessen übersinnliche Geistgestalt, das Phantom, welches die materiellen Teile zusammenhält, unversehrt durch den Tod getragen hat.

«Es ist eingetreten, daß dieser eine Mensch, der der Träger des Christus war, einen solchen Tod durchgemacht hat, daß nach drei Tagen dasjenige, was am Menschen das eigentlich Sterbliche des physischen Leibes ist, verschwinden mußte, – und aus dem Grabe sich erhob jener Leib, der der Kräfteträger der physischen materiellen Teile ist: ... das reine Phantom des physischen Leibes. ... (Seitdem ist) in der geistigen Atmosphäre der Erde ein vollständiges menschliches Phantom, ein aus dem Grabe erstandener menschlicher Leib als übersinnliche Gestalt da, ... (der Keim) eines neuen Gliedes der menschlichen Natur: eines unverweslichen Leibes.»[105)]

Mit und durch Christus ist auch die Jesus-Individualität vom Tode auferstanden. Bis in die Zeit des Mysteriums von Golgatha hinein war das Bewußtsein der Menschen noch von den Resten des alten atavistischen Hellsehens und damit von einem Überschuß von geistigem Leben über das organische Leben in der menschlichen Natur getragen worden. Mehr und mehr aber gewann das organische Leben überhand, wodurch das menschliche Bewußtsein von Abbau-, von Todesprozessen im menschlichen Organismus abhängig wurde. Dies hätte im weiteren Verlauf der Entwicklung dazu führen müssen, daß die Menschenseelen jeden unmittelbaren Zusammenhang mit der geistigen Welt verloren hätten und allmählich nach dem Tode unbewußt, ohne Ichheit in die geistige Welt eingegangen wären.

«Was mußte denn geschehen, damit durch einen gewaltigen Ruck in die Entwicklung hinein ein entsprechender Impuls kam als eine Kraft, die die Menschheitsentwicklung durchdrang von einem Bewußtsein, *daß dem Tode verdankt ist zu leben?* Es mußte das kommen, daß die Christus-Wesenheit, die drei Jahre hindurch in dem Leibe des Jesus von Nazareth lebte, diesem Leibe etwas sagte, was aber nur im Augenblick des Todes gesagt werden kann, denn nur im Augenblicke des Todes kann das alles zusammengedrängt werden, was Geheimnis des menschlichen Bewußtseins ist. Mußte also nicht, damit der gesamte Bewußtseinsimpuls, der da kommen mußte, in die Menschheit hineingedrängt werden konnte, mußte nicht der Christus den Jesus zum Sterben bringen? Das mußte er! Und wann sind wir selbst in jenem Augenblick, in dem wir hoffen können auf ein zusammengedrängtes Verständnis des Christus? Wir sind es in dem Augenblick des Sterbens! Denn da sind alle diejenigen Kräfte im Augenblick vorhanden, von denen unser Bewußtsein das ganze Leben hindurch erhalten wird. Im Moment des Sterbens sind wir geeignet, dasjenige aufzunehmen, was im Grunde genommen das Geheimnis unseres Bewußtseins ist, und damit aufzunehmen den Christus-Impuls. ...

Damit nun auch die Bedingungen geschaffen wurden, daß das so sein könne, mußte noch etwas anderes im Mysterium von Golgatha eintreten. Nachdem gewissermaßen der Christus dem Jesus im Sterben auf Golgatha das Geheimnis des kommenden menschlichen Bewußtseins anvertraut hat, mußte die gewaltige Tatsache eintreten, daß der Jesus, der den Christus enthielt, sich zu einem *neuen Leben* erhob aus jener Kraft heraus, die der Tod ist. Das heißt: es mußte die *Auferstehung* eintreten.»[106]

Wie dem Jesus von Nazareth, kann künftig jedem Menschen im Augenblick des Todes durch Christus die Erkenntnis aufgehen, daß aus dem todverwandten Bewußtsein der lebendige Geist geboren wird. Damit gewinnt der bekannte Rosenkreuzerspruch vom «Sterben in Christus» eine reale Bedeutung.

*

Seit dem Mysterium von Golgatha lebt Christus in der von ihm verwandelten Seelenhülle des Krishna, die jetzt die des nathanischen Jesus ist, in der Erdensphäre:

«Was war nötig, daß der Auferstandene so dicht seelisch erscheinen konnte, wie er dem Paulus erschienen ist? Was war denn sozusagen der Lichtschein, in dem Christus dem Paulus vor Damaskus erschienen ist? Woher war das genommen? ... Als Paulus seine Erscheinung vor Damaskus hat, da ist dasjenige, was ihm erscheint, der Christus. Der Lichtschein, in den sich Christus kleidet, ist der Krishna, weil Christus den Krishna zu seiner eigenen Seelenhülle genommen hat, durch die er dann fortwirkt.»[54)]

Darum lauteten die Worte, die nach der Apostelgeschichte (9,5) Paulus aus der Erscheinung vor Damaskus vernahm: «Ich bin Jesus, den du verfolgst». Damit gab Christus dem Paulus zu verstehen, daß er in dem Jesus von Nazareth auf der Erde gelebt habe und mit diesem auch weiterhin vereint sei. Und darum nannte auch Rudolf Steiner Christus den «Erstgeborenen unter vielen Brüdern», zu dem man sich hingezogen fühlt, «nicht wie zu einem Vater, sondern wie zu einem Bruder, den man als den ersten der Brüder, aber doch als einen Bruder liebt».[57)] Dies kann man in wortwörtlichem Sinne verstehen, denn die Seele des Jesus von Nazareth ist ja die Bruderseele aller Menschen.

Wie wichtig es ist, Christus in dieser seiner Doppelnatur als Christus Jesus zu erkennen, geht u.a. aus folgenden Worten hervor:

«Christus mußte im Jesus seinen Wohnplatz aufschlagen und so zum Christus Jesus werden, weil nur in einem Menschenleibe das war, was zukunftsträchtig für die Erdenentwicklung ist. Daher haben wir in Christus das Kosmische, aber jenes Kosmische, das in alter Erkenntnis allein unmittelbar ergriffen werden konnte. Und in dem Jesus, zu dem der Christus gekommen ist, haben wir das, was fortan im Menschenwillen allein den Keim für die Zukunft trägt.

Nicht begreift man den Christus, wenn man ihn nur als ‹Christus› oder nur als ‹Jesus› begreifen will. Man begreift ihn nicht, wenn man bloß von dem Christus redet, denn der Christus, von dem z.B. die Doketen (eine Art Gnostiker) gesprochen haben, könnte nicht mehr erfaßt werden; der gehört dem alten, atavistischen Hellsehen an. Nicht begreift man den Jesus, wenn man nicht den Christus, der in den Jesus eingezogen ist, gelten lassen will. Man begreift nicht, daß durch den Menschenkeim auf Erden allein das Kosmische für die Zukunft gerettet werden muß, wenn man nicht den Christus in dem Jesus gelten lassen will.»[107)]

So ist dieses höhere Geist-Seelenwesen des nathanischen Jesus für alle künftigen Zeiten mit der göttlichen Christus-Wesenheit als Vorbild der Hingabe und Selbstlosigkeit verbunden, indem es dieser Christus-Wesenheit als Seelenhülle dient. Darauf deuten auch viele Äußerungen Rudolf Steiners hin. Im Zyklus «Kosmische und menschliche Metamorphose» spricht er von den drei Begegnungen der niederen Wesensglieder des Menschen mit den jetzt erst noch als Anlangen in ihm vorhandenen höheren Wesensgliedern und den diesen zugrunde liegenden kosmischen Prinzipien: dem Vatergeist, dem Sohnesgeist und dem Heiligen Geist. Die zweite dieser Begegnungen, die alljährlich um die Weihnachtszeit stattfindet, ist die des Astralleibes mit dem Lebensgeist. «Und auf dieser Begegnung mit dem Lebensgeist beruht das Nahesein dem Christus Jesus, denn durch den Lebensgeist offenbart sich der Christus Jesus.»[108)] Auch wo Rudolf Steiner auf das Wiedererscheinen des Christus in ätherischer Gestalt hinweist, spricht er verschiedentlich nicht von dem Christus schlechthin, sondern von dem Christus Jesus: «Indem die Menschen fähig werden, den Ätherleib zu sehen, werden sie den Ätherleib des Christus Jesus sehen lernen, wie der Paulus ihn gesehen hat»,[109)] d.h. also den Christus in der Seelenhülle des Krishna oder Jesus. Ebenso wird der Übergang des karmischen Richteramtes von Moses auf Christus als ein Übergehen dieses Amtes auf den Christus Jesus geschildert.[110)] Und in einem Ostervortrag, um noch dieses Beispiel anzuführen, heißt es, daß «das Osterfest bedeutet die Auferstehung des Christus Jesus», daß «der Christus Jesus mit der Erdenentwicklung der Menschheit fortan seit der Auferstehung verbunden ist ... und auf der Erde wandelt», ... und daß in unserer Zeit des Materialismus erneut «in einer besonderen Art der Christus Jesus gekreuzigt, zu Tode gebracht worden ist gerade auf dem Felde der Erkenntnis».[111)]

*

Einige Male spricht Rudolf Steiner auch von weiteren Verkörperungen des Jesus nach dem Mysterium von Golgatha. Einen dieser Hinweise bezieht er ausdrücklich auf die Zarathustra-Individualität. Nachdem das Zarathustra-Ich seinen bisherigen Leib des salomonischen Jesusknaben verlassen hatte, um in den Leib des nathanischen Jesusknaben hinüberzutreten, starb der vom Zarathustra-Ich verlassene salomonische Jesusknabe bald dahin.

«Es war eine wertvolle Ätherhülle, welche damals den Leib des salomonischen Jesus verließ. ... Das war ein Ätherleib, der durch die Kräfte ausgebildet war, die das Zarathustra-Ich hatte. ... Nun ist aber der Ätherleib der Bildner und Aufbauer des physischen Menschenleibes. Wir können uns nun vorstellen, daß in der Tat eine tiefe Verwandtschaft war zwischen diesem Ätherleibe, der als der Ätherleib des salomonischen Jesus in die geistige Welt entrückt worden war, und dem Ich des Zarathustra. ... Das Zarathustra-Ich war so reif, daß es nicht einen weiteren Durchgang durch ein Devachan brauchte. Es konnte sich nach verhältnismäßig kurzer Zeit mit Hilfe jenes Ätherleibes einen neuen physischen Leib aufbauen. Und dadurch wurde nunmehr zum ersten Male dasjenige Wesen geboren, welches nachher immer wieder und wieder erschien, immer so erschien, daß verhältnismäßig kurze Zeiträume zwischen dem physischen Tode und einer neuen Geburt verliefen. Sodaß dieses Wesen immer, wenn es den physischen Leib im Tode verließ, bald wieder auf der Erde neu inkarniert erschien. Diese Wesenheit, welche also ihren auf die geschilderte Weise abgelegten Ätherleib wieder aufgesucht hat, wandelte nachher durch die Geschichte der Menschheit. Sie wurde, wie Sie sich vorstellen können, der größte Helfer derjenigen, welche das große Ereignis von Palästina begreifen wollten.

Als sogenannter ‹Meister Jesus› wandelt diese Individualität durch der Zeiten Wende. Sodaß also der Zarathustra, das Zarathustra-Ich, nach der Wiederauffindung seines Ätherleibes seine Laufbahn durch die Menschheitsentwicklung als der ‹Meister Jesus› begann, der seitdem auf unserer Erde immer wieder und wieder verkörpert lebt zur Lenkung und Leitung jener Geistesströmung, die wir die christliche nennen. Er ist der Inspirator derjenigen, welche das sich lebendig entwickelnde Christentum verstehen wollen. Er hat innerhalb der esoterischen Schulen diejenigen inspiriert, welche die Lehren des Christentums fortdauernd zu pflegen hatten. Hinter den großen Gestalten des Christentums steht er, immerdar lehrend, was eigentlich das große Ereignis von Palästina bedeutet.»[5]

Noch ein anderer Hinweis auf eine nachfolgende Jesus-Verkörperung gilt offenbar für die Zarathustra-Individualität:

«Wie unterschied sich Jesus von Nazareth von dem Christus? Geboren als Jesus lebte er bis zu seinem dreißigsten Jahre als hochbedeutsame Persönlichkeit. Bei der Johannes-Taufe verläßt sein Ich die drei Leiber und geht andere Wege. ... Das Ich des Jesus von Nazareth geht weiter als Lehrer des Arius; später ist er verkörpert in Norditalien und in einer Person der Neuzeit.»[112]

Weniger klar bezüglich der Individualität, um die es sich handelt, ist folgende Äußerung Rudolf Steiners:

«Diejenigen, welche die Mission haben, aus der geisteswissenschaftlichen Bewegung heraus als Testamentsvollstrecker desjenigen zu wirken, was vom Mysterium von Golgatha in die Menschheit strömt, sie wissen, daß der Jesus, der den Christus in sich geborgen hat, jedes Jahr zur Osterzeit aufsucht die Stätte, wo sich abgespielt hat das Mysterium von Golgatha. Gleichgültig, ob der Jesus im Fleisch ist oder nicht, er sucht jedes Jahr diese Stätte auf, und da können die Schüler, die die Reife erlangt haben, ihre Vereinigung mit ihm haben.»[113]

Doch könnte sich auch dieser Hinweis auf Zarathustra beziehen, der, wie schon erwähnt, von Rudolf Steiner mehrfach als derjenige bezeichnet wird, in dessen «Leiber der Christus eingezogen ist»,[69] der die Leiblichkeit des nathanischen Jesus so weit veredelte, daß er sie «hinopfern konnte als seine drei Leiber zur Aufnahme jener Wesenheit, die wir dann als den Christus bezeichnen.»[93)]

«Hätte nicht durchdrungen die Individualität des Zarathustra bis zum dreißigsten Jahre diese Leiblichkeit (des nathanischen Jesus), so wären ihre Augen nicht fähig gewesen, zu ertragen die Substanz des Christus vom dreißigsten Jahre bis zum Mysterium von Golgatha, wären die Hände nicht fähig gewesen, sich zu durchdringen mit der Substanz des Christus im dreißigsten Jahre. Um den Christus aufnehmen zu können, mußte diese Leiblichkeit eben gleichsam vorbereitet, ausgeweitet werden durch die Individualität des Zarathustra.»[114)]

So wird denn auch an anderer Stelle Zarathustra ausdrücklich der «Christus-Träger» genannt:

«Derjenige, welcher jene mächtige Wesenheit, die wir den Christus nennen, in sich verkörpern sollte, ... das mußte schon einer sein, der durch viele Leben hindurch hohe Grade der Einweihung erlangt hatte. ... Ein Eingeweihter war es, der dazu bestimmt war, in einem späteren Zeitpunkt seines Lebens die Christus-Individualität in sich aufzunehmen. ... Zwischen dem 28. und dem 35. Jahre zog die Christus-Wesenheit in diejenige Individualität ein, die als ein großer Eingeweihter die Erde betrat. ... Bis zu diesem Lebensalter haben wir in dem, der berufen war, der Christus-Träger zu werden, einen großen Eingeweihten vor uns. ... Dann tritt für ihn die Möglichkeit ein, sich zu sagen: Jetzt bin ich da, ich opfere alles, was ich habe, hin. Ich mache mich zum Träger des Christus. Der soll in mir wohnen und von jetzt ab in mir alles sein! ... Diesen Zeitpunkt, wo der Christus in den großen Eingeweihten gleichsam hineinschlüpft, den deuten alle vier Evangelien an: es ist die Johannes-Taufe.»[30)]

Somit kann wohl auch in dem zuletzt angeführten Hinweis Rudolf Steiners mit dem Jesus, der den Christus in sich geborgen hat, und der alljährlich zur Osterzeit die Stätte aufsucht, wo das Mysterium von Golgatha sich vollzogen hat, wieder die Zarathustra-Individualität, der «Meister Jesus» gemeint sein.

Über eine Verkörperung des nathanischen Jesus nach dem Mysterium von Golgatha hat sich Rudolf Steiner, wie es scheint, nicht geäußert. Eine solche ist auch kaum anzunehmen, weil dieser nathanische Jesus seit der Auferstehung mit der Christus-Wesenheit vereinigt als Christus Jesus in der Erdensphäre lebt. Welche Wirkungen für die eigene Entwicklung des nathanischen Jesus sein dreijähriges Christus Jesus-Leben hatte, ist, wie vieles andere bezüglich dieser Wesenheit, für uns vorläufig noch in ein Geheimnis gehüllt. Dieses Mysterium des Jesus von Nazareth wird sich der Menschheit erst in der Zukunft voll erschließen.

«Denn etwas anderes ist die Christus-Offenbarung und die Jesus-Offenbarung. ... Die Jesus-Offenbarung wird auch über die Menschen kommen in der richtigen Weise. Aber dazu müssen sie selber kommen. Und sie werden dazu kommen, wenn sie die genügende Anzahl von Inkarnationen durchgemacht haben. Für die Christus-Offenbarung ist heute jeder reif bis zu einem gewissen Grade. Diesen Unterschied muß man machen.»[115)]

Für uns kann die Wesenheit des nathanischen Jesus auch insofern Ideal und Vorbild sein, weil in ihm als erstem Menschen das Paulinische Wort erfüllt war: «Nicht ich, sondern der Christus in mir». Alles, was als ein Neues in die Menschheit einziehen soll, muß erst einmal in voller Entfaltung in einem Menschen vorgelebt sein; dann kann es als Impuls von allen Menschen aufgenommen werden.

Die irdische Gestalt des Jesus von Nazareth, der die drei Jahre hindurch die göttliche Christus-Wesenheit in sich getragen hat, ist von Rudolf Steiner aus seiner geistigen Schau in der Holzplastik im Goetheanum in Dornach dargestellt und von ihm «der Menschheits-Repräsentant» genannt worden. Man kann diese Gestalt auch als die des Christus empfinden, in welcher er die drei Jahre auf der Erde gelebt hat.

# 8. Ausklang

In hohe Bereiche der geisteswissenschaftlichen Anschauung hat uns unsere Betrachtung geführt. Physisches und geistiges Geschehen wurde darzustellen versucht, das die heiligsten Angelegenheiten der Menschheit berührt. Mehr als ein ahnendes Hindeuten auf alle diese geheimnisvollen Vorgänge wollte und kann es in unserer Zeit noch nicht sein, «denn in Bezug auf das Christusverständnis sind wir wirklich heute noch auf die Anfänge angewiesen».[20)]

So unzulänglich aber der vorstehende Versuch einer Überschau über das Christus-Mysterium noch sein mag, läßt er uns doch die Christus-Erscheinung als eine solche erahnen, in der sich Kräfte und Mächte aus allen Gebieten des Weltendaseins vereinigten. Eine ganze Stufenfolge von hohen Geistwesenheiten hatte an dem Mysterium von Golgatha teil, entsprechend seiner Bedeutung für die Menschheits-, Erden- und Weltentwicklung. Aus alledem ergibt sich ein für uns noch undurchschaubares Zusammenspiel von Wesenskräften der allerverschiedensten Art.

Aber wie in das Bewußtsein der Menschheit ein Wissen einziehen muß von einer unendlich vielstufigen und vielgestaltigen Welt konkreter Geistwesenheiten, die dem göttlichen Weltengrund im Weltensein und Weltenwerden dienen, so muß sich auch der Blick erweitern zu einer Mehrzahl von Wesenheiten, die unmittelbar oder mittelbar an den Ereignissen auf Golgatha beteiligt sind. Weil alle diese Wesenheiten in Beziehung zur Sonne stehen, können sie als Sonnengeister angesehen werden, und weil sie in ihrer Gesamtheit den Christus-Impuls darstellen, werden sie Christus genannt. Sie sind durchdrungen von der Kraft des Christus-Logos, des göttlichen Weltenwortes, dessen Glieder und Diener sie sind, und durch den, wie alles Weltgeschehen, auch die weltumgestaltenden Vorgänge in der Zeitenwende sich vollzogen.

Als unmittelbarer Träger des Logos steht in einem gewissen Sinne im Mittelpunkt der Ereignisse auf Golgatha der Hohe Sonnengeist Christus, in dem wir den leitenden kosmischen Geist unseres Weltsystems ahnen dürfen, und der aus hohen Geisterregionen zur Erde herabgestiegen ist. Erfüllt von der schaffenden Kraft des urewigen Weltenwortes hat er auf Golgatha seine Erlösungs- und Welterneuerungstat vollbracht und sein ferneres Schicksal mit dem der Menschheit verbunden.

Als göttlicher Träger und irdischer Repräsentant des Logos und des Hohen Sonnengeistes Christus kann uns der Christus-Erzengel, der Regent unseres Sonnensystems, gelten, der sich physisch-leiblich mit dem Menschen Jesus von Nazareth verband und so als wahrer Gott und wahrer Mensch durch Leiden, Tod und Auferstehung hindurchging. Und weil mit diesem Christus-Erzengel der Logos und der Hohe Sonnengeist Christus in ihrem Christussein und Christuswirken zu einer geistigen Drei-Einheit verbunden waren, erlebten durch ihn auch sie das Mysterium von Golgatha mit. Durch diesen Christus-Erzengel, der jetzt ein Geist der Throne ist, offenbaren sich und wirken fortan der Logos und der Hohe Sonnengeist Christus im Erdensein und in den Menschenseelen.

Diese drei göttlichen Wesenheiten, der Logos, der Hohe Sonnengeist Christus und der Christus-Erzengel, nahmen in ihrer Drei-Einheit als Christus die Erdenleiblichkeit des Menschen Jesus von Nazareth, des Urbildes der Menschheit, zu ihrer Leibeshülle und dessen höheres Geist-Seelenwesen zu ihrer Seelenhülle, um sich so als Christus Jesus durch das Mysterium von Golgatha mit dem Geistesteil der Erde zu verbinden, fortan Erde und Menschheit mit neuen Lebenskräften durchdringend und ihrer Wiedervergeistigung entgegenführend.

Nur ein Zipfel des Schleiers, der die rätselvolle Erscheinung des Christus verhüllt, konnte dank den Mittelungen Rudolf Steiners gelüftet werden, und auch dies stellt schon erhebliche Anforderungen an unseren Verständniswillen. Aber «das Größte muß auch so erfaßt werden, daß sich unsere Seele im höchsten Maße anstrengt, um zu jener inneren Intensität des Fühlens und Empfindens zu kommen, um das Größte, das Höchste einigermaßen unserer Seele nahezubringen.»[54)]

# Anmerkungen

Abkürzungen:

| | | |
|---|---|---|
| R. St. N. V. | = | Verlag der Rudolf Steiner-Nachlaßverwaltung, Dornach/Schweiz |
| GA[0] | = | Rudolf Steiner Gesamtausgabe im Verlag der R. St. N. V. |
| B.[0] | = | Bibliographie-Nummer nach: Rudolf Steiner. Das literarische und künstlerische Werk. Eine bibliographische Übersicht. Dornach 1961 (R. St. N. V.) |
| Phil. Anthr. V. | = | Philosophisch-Anthroposophischer Verlag, Dornach/Schweiz. |
| Goeth. | = | Das Goetheanum, Wochenschrift für Anthroposophie. Herausgeber: Allgemeine Anthroposophische Gesellschaft, Dornach/Schweiz. |
| Nachr. | = | Was in der Anthroposophischen Gesellschaft vorgeht. Nachrichten für deren Mitglieder. Herausgeber: Allgemeine Anthroposophische Gesellschaft, Dornach/Schweiz. |
| S. o. Anm. ... | = | siehe oben Anmerkung ... |

[0] werden auch da angeführt, wo die Zitate im Text älteren Ausgaben entnommen sind.

*

Anm.: (Das Datum der Vorträge Rudolf Steiners ist jeweils vorangestellt.)

1) 19.11.1909, Das Matthäus-Evangelium und das Christus-Problem. In: Die tieferen Geheimnisse des Menschheitswerdens im Lichte der Evangelien. (GA 1966 B. 117)

2) 25.10.1909, Der Christus-Impuls und die Entwicklung des Ich-Bewußtseins, 1. Vortrag (GA 1961 B. 116)

3) Siehe dazu auch: M. Rebholz, Die Christologie Rudolf Steiners, Rundbriefe zur systematischen Erarbeitung des anthroposophischen Lehrgutes, Brief 16 bis 20 und Studienhefte für Anthroposophie, 3. Jg. Heft 1 bis 3; ferner Adelheid Petersen, Rudolf Steiners Darstellung des makrokosmischen, vorirdischen Christus. (Nachr. 1959, 36. Jg. Nr. 46/47)

[4] 24. 6.1909, Das Johannes-Evangelium im Verhältnis zu den drei anderen Evangelien, besonders zu dem Lukas-Evangelium, 1. Vortrag (GA 1959 B. 112)

[5] 21. 9.1909, Das Lukas-Evangelium, 7. Vortrag (GA 1955 B. 114)

[6] 17. 1.1915, Menschenschicksale und Völkerschicksale – Schicksalsbildung und Leben nach dem Tode, 4. Vortrag (GA 1960 B. 157)

[7] 27. 2.1921, Nachr. 1940, 17. Jg. Nr. 34.

[8] Anthroposophische Leitsätze, Brief vom 25.10.1924. (GA 1962 B. 26)

[9] 24. 8.1918, Die Wissenschaft vom Werden des Menschen, 4. Vortrag (GA 1967 B. 183)

[10] 10. 4.1917, Bausteine zu einer Erkenntnis des Mysteriums von Golgatha, 3. Vortrag (GA 1961 B. 175)

[11] 23.12.1920, Die Suche nach der neuen Isis, der göttlichen Sophia, 1. Vortrag (R. St. N. V. 1961)

[12] 2. 5.1923, Der individualisierte Logos. In: Die menschliche Seele in ihrem Zusammenhang mit göttlich-geistigen Individualitäten. Die Verinnerlichung der Jahresfeste. (GA 1966 B. 224)

[13] 12. 9.1910, Das Matthäus-Evangelium, 12. Vortrag (GA 1959 B. 123)

[14] 2. 6.1907, Die Theosophie des Rosenkreuzers, 9. Vortrag (GA 1962 B. 99)

[15] 24. 6.1907, Theosophie und Rosenkreuzertum, 9. Vortrag. In: Menschheitsentwickelung und Christus-Erkenntnis (GA 1967 B. 100)

[16] 2.12.1906, Das Mysterium von Golgatha (Nachr. 1945, 22. Jg. Nr. 20)

[17] 26. 8.1912, Von der Initiation. Von Ewigkeit und Augenblick. Von Geisteslicht und Lebensdunkel. 2. Vortrag (GA 1959 B. 138)

[18] 11. 1.1924, Mysterienstätten des Mittelalters, 4. Vortrag. In: Die Weltgeschichte in anthroposophischer Beleuchtung und als Grundlage der Erkenntnis des Menschengeistes. (GA 1962 B. 233)

[19] 15. 2.1908, Unser Sonnensystem. In: Das Hereinwirken geistiger Wesenheiten in den Menschen. (Novalis-Verlag, Freiburg i.Br. 1955)

[20] 30. 6.1909, S. o. Anm. [4] 7. Vortrag.

[21] 13. 4.1909, Geistige Hierarchien und ihre Widerspiegelung in der physischen Welt, 3. und 4. Vortrag (GA 1960 B. 110)

22) 7. 11. 1911, Die Evolution vom Gesichtspunkte des Wahrhaftigen, 2. Vortrag (GA 1958 B. 132)

23) 18. 4. 1909, S. o. Anm. 21) 10. Vortrag

24) 16. 4. 1909, S. o. Anm. 21) 7. Vortrag

25) 7. 8. 1908, Welt, Erde und Mensch, 4. Vortrag (GA 1960 B. 105)

26) 12. 6. 1912, Der Mensch im Lichte von Okkultismus, Theosophie und Philosophie, 10. Vortrag (GA 1956 B. 137)

27) 11. 6. 1912, S. o. Anm. 26) 9. Vortrag

28) 30. 12. 1913, Christus und die geistige Welt, 3. Vortrag (GA 1960 B. 149)

29) 1. 4. 1913, Das Leben zwischen dem Tode und einer neuen Geburt im Verhältnis zu den kosmischen Tatsachen, 10. Vortrag (GA 1964 B. 141)

30) 25. 6. 1909, S. o. Anm. 4) 2. Vortrag

31) 2. 5. 1910, S. o. Anm. 2) 6. Vortrag

32) 23. 4. 1912, Der irdische und der kosmische Mensch, 4. Vortrag (GA 1964 B. 133)

33) 17. 7. 1921, Der Mensch als Gedankenwesen. Kosmische Gestaltungskräfte. 6. Vortrag. In: Menschenwerden, Menschenseele und Weltengeist. (GA 1967 B. 205)

34) 20. 11. 1907, Das Johannes-Evangelium (Basel), 5. Vortrag. In: S. o. Anm. 15)

35) 14. 12. 1905, Das Weihnachtsfest als Wahrzeichen des Sonnensieges. In: Die Welträtsel und die Anthroposophie. (GA 1966 B. 54)

36) 27. 8. 1924, Esoterische Betrachtungen karmischer Zusammenhänge, Bd. VI, 9. Vortrag (GA 1966 B. 240)

37) 16. 1. 1916, Die Begriffswelt und ihr Verhältnis zur Wirklichkeit, 2. Vortrag. In: Die geistige Vereinigung der Menschheit durch den Christus-Impuls. (GA 1967 B. 165)

38) 25. 5. 1907, S. o. Anm. 14) 2. Vortrag

39) 25. 9. 1909, S. o. Anm. 5) 9. Vortrag

40) 7. 7. 1909, S. o. Anm. 4) 14. Vortrag

41) 24. 4. 1922, Die dreifache Sonne und der auferstandene Christus. In: Das Sonnenmysterium und das Mysterium von Tod und Auferstehung. (GA 1963 B. 211)

42) 27. 6. 1909, S. o. Anm. 4) 4. Vortrag

43) 21. 8. 1911, Weltenwunder, Seelenprüfungen und Geistesoffenbarungen, 4. Vortrag (GA 1960 B. 129)

44) 2. 5. 1913, Christus zur Zeit des Mysteriums von Golgatha und Christus im 20. Jahrhundert. In: Vorstufen zum Mysterium von Golgatha. (GA 1964 B. 152)

[45] 13. 4.1912, Die geistigen Wesenheiten in den Himmelskörpern und Naturreichen, 9. Vortrag (GA 1960 B. 136)

[46] 14. 8.1908, S. o. Anm. [25] 10. Vortrag

[47] 12.12.1910, Exkurse in das Gebiet des Markus-Evangeliums, 11. Vortrag (GA 1963 B. 124)

[48] 7. 4.1912, S. o. Anm. [45] 5. Vortrag

[49] 10. 4.1912, S. o. Anm. [45] 7. Vortrag

[50] 14. 4.1912, S. o. Anm. [45] 10. Vortrag

[51] 25. u. 26.8.1911, Weltenwunder, Seelenprüfungen und Geistesoffenbarungen, 8. und 9. Vortrag (GA 1960 B. 129)

[52] 24. 3.1908, Die geistigen Hierarchien. S. o. Anm. [19]

[53] 16. 9.1907, Okkulte Sinnbilder und Zeichen, 4. Vortrag (Nachr. 1948, 25. Jg. Nr. 23)

[54] 1. 1.1913, Die Bhagavad Gita und die Paulusbriefe, 5. Vortrag (GA 1960 B. 142)

[55] 26. 9.1905, Nachr. 1942, 19. Jg. Nr. 43

[56] 1. 4.1907, Die Mysterien des Geistes, des Sohnes und des Vaters, 2. Vortrag (GA 1967 B. 97) und (R. St. N. V. 1962)

[57] 31. 8.1909, Der Orient im Lichte des Okzidents. Die Kinder des Luzifer und die Brüder Christi. 9. Vortrag (GA 1960 B. 113)

[58] 22.12.1908, Das Weihnachtsmysterium. Novalis als Seher. (R. St. N. V. 1964)

[59] 24. 9.1921, Die Welt des Vatergottes und die Welt des Sohnesgottes, Mond und Sonne. In: Östliche und westliche Kultur in geistiger Beleuchtung. (R. St. N. V. 1954)

[60] 6. 7.1909, S. o. Anm. [4] 13. Vortrag

[61] 17. 6.1909, Geisteswissenschaftliche Menschenkunde, 19. Vortrag (GA 1959 B. 107)

[62] (GA 1961 B. 10)

[63] 13.12.1907, Weihnacht. Eine Betrachtung aus der Lebensweisheit (Vitaesophia) (R. St. N. V. 1967)

[64] 22. 8.1911, S. o. Anm. [43] 5. Vortrag

[65] Friedrich Rittelmeyer spricht in seinen «Briefen über das Johannes-Evangelium» (Verlag Urachhaus, Stuttgart 1954, 3. Aufl.) ebenfalls von einem dreifachen Bewußtsein in dem Christus Jesus: dem Jesus-Bewußtsein, dem Christus-Bewußtsein und dem Logos-Bewußtsein; desgleichen Rudolf Meyer in «Der Auferstandene und die Erdenzukunft» (Verlag Urachhaus 1953, 2. Aufl.)

[66] 22.11.1919, Die Sendung Michaels. Die Offenbarung der eigentlichen Geheimnisse des Menschenwesens. 2. Vortrag (GA 1962 B. 194)

[67] 20. 5.1913, Der Michael-Impuls und das Mysterium von Golgatha. In: Vorstufen zum Mysterium von Golgatha. (GA 1964 B. 152)

[68] 28. 8.1909, S. o. Anm. [57] 6. Vortrag

[69] 1. 7.1909, S. o. Anm. [4] 8. Vortrag

[70] 22. 5.1908, Das Johannes-Evangelium, 4. Vortrag (GA 1963 B. 103)

[71] 20. 5.1908, S. o. Anm. [70] 3. Vortrag

[72] 7.12.1918, In geänderter Zeitlage, 5. Vortrag. In: Die soziale Grundforderung unserer Zeit – In geänderter Zeitlage. (GA 1963 B. 186)

[73] 31. 5.1908, S. o. Anm. [70] 12. Vortrag

[74] 22. 8.1910, Die Geheimnisse der biblischen Schöpfungsgeschichte, 6. Vortrag (GA 1961 B. 122)

[75] 22.11.1907, S. o. Anm. [34] 7. Vortrag

[76] 12. 9.1915, Nachr. 1939, 16. Jg. Nr. 7 und 8.

[77] 1.12.1907, Goeth. 1941, 20. Jg. Nr. 25. Oder in: «Die Menschenschule» 1965, Jg. 39, Heft 4/5

[78] 27. 1.1908, Planetendasein und Tierkreisdasein. In: S. o. Anm. [19]

[79] 9. 1.1912, Welten-Ich und Menschen-Ich, sowie 18.11.1911, Der Christus-Impuls als reales Leben. In: Das esoterische Christentum und die geistige Führung der Menschheit. (GA 1962 B. 130)

[80] 18.11.1907, S. o. Anm. [34] 3. Vortrag

[81] 22. 8.1924, Das Initiaten-Bewußtsein. Die wahren und die falschen Wege der geistigen Forschung. 11. Vortrag (GA 1960 B. 243)

[82] 31. 5.1909, Von Buddha zu Christus. In: Das Prinzip der spirituellen Ökonomie im Zusammenhang mit Wiederverkörperungsfragen. (GA 1965 B. 109 und 111)

[83] 2.11.1909, Die tieferen Geheimnisse des Menschheitswerdens im Lichte des Matthäus-Evangeliums, 1. Vortrag. In: S. o. Anm. [1]

[84] 1.10.1905, Nachr. 1942, 19. Jg. Nr. 50.

[85] 26.12.1911, Goeth. 1936, 15. Jg. Nr. 51.

[86] 7. 3.1914, Der Christus-Impuls im Zeitenwesen und sein Walten im Menschen. Die vier Christusopfer. In: S. o. Anm. [67]

[87] 30.12.1912, S. o. Anm. [54] 3. Vortrag

[88] 21.12.1911, Das Weihnachtsfest im Wandel der Zeiten. – Weihnachten, ein Inspirationsfest. (R. St. N. V. 1966, Sonderdruck aus B. 125/127)

[89] 16. 5.1909, Alte Offenbarungen und neuzeitliches Fragenlernen. In: Das Prinzip der spirituellen Ökonomie. S. o. Anm. [82]

[90] 14.11.1909, Die Geisteswissenschaft, ihre Aufgaben und ihre Ziele, 2. Vortrag. In: S. o. Anm. [1]

[91] 6. 9.1914, Aus der Akasha-Forschung. Das fünfte Evangelium, Berlin, 4. Vortrag. (GA 1963 B. 148)

[92] 17.12.1913, S. o. Anm. [91] Köln, 1. Vortrag

[93] 6. 9.1910, Das Matthäus-Evangelium, 6. Vortrag (GA 1959 B. 123)

[94] 15.10.1923, Die Michael-Imagination. In: Der Jahreskreislauf als Atmungsvorgang der Erde und die vier großen Festeszeiten. (GA 1966 B. 223 und 229); ebenso: 15.5. 1910, Pfingsten, das Fest der freien Individualität. In: Das Ereignis der Christus-Erscheinung in der ätherischen Welt. (GA 1965 B. 118)

[95] 4.11.1906, (irrtümlich 3.11.) Theosophie und Johannes-Evangelium, 6. Vortrag (Nachr. 1945, 22. Jg. Nr. 14)

[96] 6.12.1910, Exkurse in das Gebiet des Markus-Evangeliums, 4. Vortrag (GA 1963 B. 124)

[97] Das Christentum als mystische Tatsache. (GA 1959 B. 8)

[98] 7.11.1910, Exkurse in das Gebiet des Markus-Evangeliums, 3. Vortrag. S. o. Anm. [96]

[99] 18. 9.1909, S. o. Anm. [5] 4. Vortrag.

[100] 6. 6.1911, Die geistige Führung des Menschen und der Menschheit, 1. Vortrag (GA 1963 B. 15)

[101] 14. 5.1912, Der irdische und der kosmische Mensch, 6. Vortrag (GA 1964 B. 133)

[102] 11. 4.1909, Geistige Osterglocken. (R. St. N. V. 1966, Sonderdruck aus GA 109/111)

[103] 21. 9.1912, Das Markus-Evangelium, 7. Vortrag (GA 1960 B. 139)

[104] 30. 5.1912, Theosophische Moral, 3. Vortrag. In: Christus und die menschliche Seele – Über den Sinn des Lebens – Theosophische Moral – Anthroposophie und Christentum (GA 1960 B. 155)

[105] 11. und 12.10. 1911, Von Jesus zu Christus, 7. und 8. Vortrag (GA 1958 B. 131)

[106] 28. 8.1917, Das Karma des Materialismus, 5. Vortrag. In: Menschliche und menschheitliche Entwicklungswahrheiten – Das Karma des Materialismus (GA 1964 B. 176)

[107] 6. 8.1918, Gesunder Blick für heute und wackere Hoffnung für morgen, 21. Vortrag. In: Erdensterben und Weltenleben. (GA 1967 B. 181)

[108] 20. 2.1917, Kosmische und menschliche Metamorphose, 3. Vortrag. In: S. o. Anm. [10]

[109] 25. 1.1910 und 6.3.1910, Das Ereignis der Christus-Erscheinung in der ätherischen Welt. (GA 1965 B. 118); ebenso :7.10. 1911, Von Jesus zu Christus, 3. Vortrag (GA 1958 B. 131)

[110] 7.10.1911, Von Jesus zu Christus, 3. Vortrag. S. o. Anm. [105]; ebenso: 21.9.1911, Buddha und Christus. Die Sphäre der Bodhisattvas. In: S. o. Anm. [79]

[111] 2. 4.1920, Ostern, das Fest der Mahnung, 1. Vortrag (R. St. N. V. 1965, Sonderdruck aus GA B. 198)

[112] 19. 2.1909, Das Prinzip der spirituellen Ökonomie, S. 288, S. o. Anm. [82]

[113] 5. 5.1912, Die Tatsache des durch den Tod gegangenen Gottes-Impulses. «Fünf Ostern» von Anastasius Grün. In: S. o. Anm. [79]

[114] 12.10.1911, Von Jesus zu Christus, 8. Vortrag. S. o. Anm. [105]

[115] 27.11.1916, Das Karma des Berufes des Menschen in Anknüpfung an Goethes Leben. 10. Vortrag. In: Kosmische und Menschliche Geschichte III. (GA 1964 B. 172)

# Oskar Lambert Kürten

* 25. April 1886 in Anleur/Belgien ✝ 22. März 1973 in Berlin

*(Erschienen Weihnachten 1973 im 27. Jahrgang/Heft 4 Nr. 106 in den «Mitteilungen» aus der Anthroposophischen Arbeit in Deutschland)*

Nur wenigen Freunden war Oskar Kürten persönlich bekannt. Sogar in Berlin, seiner Wahlheimat seit über fünfzig Jahren, war es so. Grund für diese Abgeschiedenheit war seine völlige Taubheit, die ihn schon in der Jugend überkam. So konnte er an Vortragsveranstaltungen oder Zweigabenden nicht teilnehmen. Im Bewußtsein der Mitglieder hat er seinen Platz durch sein schriftstellerisches Werk. Seine drei Bücher, als interne Publikationen im Verlag Die Pforte, Basel, erschienen, werden von vielen Menschen als eine wesentliche Hilfe zum Verständnis schwieriger Inhalte der Geisteswissenschaft empfunden. In methodisch vorbildlicher Weise gibt Kürten einen Schlüssel zum Verständnis der komplizierten Zusammenhänge der Christuswesenheit mit den Hierarchien, der Trinität und dem Menschensohn. Aus dem Gesamtwerk Rudolf Steiners – und immer genau belegt, woher – trug er in jahrelanger selbstloser Arbeit die Bausteine zu diesem Mosaik zusammen. Innerlich verwandt fühlte er sich in der Arbeitsmethode mit Max Rebholz. Ein kurzer erhaltener Briefwechsel mit Rebholz zeigt, wie vorbildlich Kürten dessen Textgestaltung war. Über Rebholz hinaus war es Kürtens Ideal, alle Aussagen allein durch Rudolf Steiner selbst machen zu lassen. So tritt die Person Kürtens ganz hinter seinem Werk zurück. Mir scheint Kürtens Methode die vorbildliche Lösung zu einer Systematik der Geisteswissenschaft zu sein, schließt sie doch aus, daß der Autor Dinge in Rudolf Steiners Werk hineininterpretiert, die nicht darin enthalten sind. Neben den veröffentlichten Arbeiten liegen im Nachlaß noch einige kürzere Texte vor. Bis zu seinem letzten Lebenstage beschäftigte ihn eine größere Arbeit über die Elementarreiche. Im vergangenen Jahre hatte er mit der Niederschrift begonnen und war unbeirrt durch physiologische Störungen – starke Kopfschmerzen und Schwindelgefühl – an die Arbeit gegangen. Selbst im Krankenhaus arbeitete er weiter, und an seinem Todestag, wenige Stunden vor seinem Tode, traf ihn seine Schwiegertochter bei der Arbeit an. Sieben Kapitel liegen abgeschlossen vor. Die restlichen fünf Kapitel sind in mehr oder weniger fertigem Zustand – zum Teil in mehreren Fassungen – niedergeschrieben. Es wird noch einiger Arbeit bedürfen, auch diese Kapitel auf den Stand der fertig ausgearbeiteten zu bringen. Der Verlag Die Pforte hat sich bereit erklärt, auch dieses nachgelassene Werk herauszubringen.

Wer Oskar Kürten persönlich kannte, der hatte wohl schon bald den Eindruck: Hier ist ein Mensch, der sein Schicksal ganz bewußt gestaltet.

Eine große innere Ruhe und Gelassenheit strahlte sein Wesen aus. In den über zwanzig Jahren unserer Bekanntschaft habe ich ihn nie unbeherrscht oder nervös erlebt. Seine Zurückhaltung und große Bescheidenheit waren sicher nur zum Teil durch seine Taubheit bedingt, sie entsprachen einfach seinem Wesen. Ein im wahren Sinne pflichtbewußter und willensstarker Mensch. Wie bei vielen Schülern Rudolf Steiners, die den Übungsweg gehen, wirkte er sehr viel jünger als er war. Ich war sehr erstaunt, als er mir einmal sagte, daß er schon weit über achtzig wäre. Er wirkte wie knapp siebzig, ein Mann in der Vollkraft seines Geistes. Besonders eindrucksvoll an ihm war mir immer das Erlebnis: Hier hat ein Schüler Rudolf Steiners aus einem Negativen – der völligen Taubheit und der damit zusammenhängenden Isolation – etwas ganz Positives gemacht. Die innere Stille – unbelästigt durch unseren Zivilisationslärm – setzte er um in eine starke Aktivität. Sicher ist ein Teil seiner Jugendlichkeit auf diese gesteigerte innere Aktivität zurückzuführen.

Seine äußeren Lebensdaten sind bald aufgezählt: Oskar Lambert Kürten wurde am 25. April 1886 in Anleur/Belgien geboren. Seine Mutter war unverheiratet. Er wuchs bei einer Familie auf, die selbst Kinder hatte. Seine Kindheitsfreundin, eine Tochter dieser Familie, wurde seine Frau, die mit ihm in einer langen, glücklichen, auch durch Schicksalsschläge nicht erschütterten Ehe verbunden blieb. Sie starb einige Jahre vor ihm. Eheschließung am 15. September 1913 in Halle an der Saale. Im gleichen Jahre promovierte er mit einer Arbeit über «Statistik des Selbstmordes im Königreich Sachsen». Im ersten Weltkrieg war er – durch seine damals schon fast völlige Taubheit – nicht Soldat. Noch während des Krieges übersiedelte er nach Berlin. Hier wurde 1918 ein Sohn und 1920 eine Tochter geboren. Sein einziger Sohn – auch er treu der Anthroposophie verbunden – starb nur wenige Wochen nach ihm in Berlin. Die sehr geliebte Tochter starb auf tragische Weise 1953. Bis zu seiner normalen Pensionierung war er an leitender Stelle im Statistischen Landesamt Berlin tätig. Schon während des ersten Weltkrieges interessierte er sich intensiv für geistige Weltanschauungen. Die Anthroposophie war aber damals nur ein Weg unter vielen für ihn. Er hatte eine große einschlägige Bibliothek erworben. Kurz nach dem ersten Weltkrieg hatte er sein entscheidendes inneres Erlebnis. Ähnlich wie seinerzeit Jakob Böhme an einem Zinnkrug die geistige Welt aufgegangen war, erlebte er bei Betrachtung eines Kriegerdenkmals, daß die Anthroposophie sein Weg ist und Rudolf Steiner sein geistiger Lehrer. Nach Hause zurückgekehrt, verschenkte oder verbrannte er alle anderen Bücher und lebte von da an ausschließlich für und aus der Anthroposophie. Auch dieses «Brücken-Abbrechen» war ein Ausdruck seiner konsequenten inneren Haltung. Oskar Kürten starb im 88. Lebensjahr. Das Foto zeigt ihn mit etwa 85 Jahren.

*Karl Boegner* (Berlin)

*Als «Studienmaterial zur anthroposophisch orientierten Geisteswissenschaft» sind bei uns von*

## Oskar Kürten

*noch erschienen:*

**Der Sohnesgott, der Logos und die Trinität**
2. Aufl., 59 Seiten, kart., DM/Fr. 14,–
ISBN 3-85636-017-4

**Jesus von Nazareth**
Ein Beitrag zum Verständnis des Jesus-Geheimnisses. Mit Anhang: **Der Menschensohn und der kosmische Christus.**
92 Seiten, kart., DM/Fr. 16,–
ISBN 3-85636-018-2

*Beide ergänzen die vorliegende Schrift, indem die über das ganze Werk Rudolf Steiners verstreuten Hinweise auf den Christus zusammengetragen werden.*

*In Vorbereitung aus dem Nachlaß:*

**Über die Elementarreiche in der Darstellung Rudolf Steiners**
Mit einem Vorwort von **Karl Bögner**
ca. 250 Seiten, kart.
ISBN 3-85636-081-6

Verlag Die Pforte

*Weitere Hinweise:*

## Else Nassenstein:

**«Die Michael-Christus-Wesenheit»**
Untertitel: Jesus von Nazareth und die Auferstehung Christi im Leibe
ca. 200 Seiten, kart., DM/Fr. 18,– ISBN 3-85636-080-8

## Friedrich Benesch:

**Das Religiöse der Anthroposophie – Der kosmische, der umgekehrte Kultus**
120 Seiten, kart., DM 18,–/Fr. 16,– ISBN 3-85636-069-7

Vier Fragen erheben sich im Anblick der Offenbarung aus dem Ganzen der Anthroposophie über die Weltwanderung des Menschen als umfassender Weltenkultus: 1) Was ist Kultus, was das Urphänomen kultischer Vorgänge? 2) Welche Gestalt, welche Gliedereignisse hat kultisches Geschehen? 3) Die Reihenfolge dieser Glieder: wo ist Umkehrung? 4) Die Bedeutung im Weltgeschehen, im vorgeburtlichen und nachtodlichen Leben und im Dasein zwischen Geburt und Tod.
Es ist ein Versuch einer Orientierung aus lebenslangem Umgang anhand der Wortlaute Rudolf Steiners.

**Ideen zur Kultusfrage**
Das Religiöse der Anthroposophie
Der kosmische, der umgekehrte Kultus II
89 Seiten, kart., DM 12,–/Fr. 10,– ISBN 3-85636-072-7

Es sind wichtige Ergänzungen zum «ersten Teil»: siehe oben.

## Ernst Marti:

**Der Prolog des Johannes-Evangeliums und die Kategorien des Aristoteles**
20 Seiten, kart. DM/Fr. 7,– ISBN 3-85636-034-4

Dem Erkenntnisringen klingen bei nüchternem Bemühen die Ideen und Offenbarungen harmonisch zusammen: eine Wort-Bild-Meditation

## Erich Zimmer:

**«Im Geiste an des Herren Tag»**
**30 Blätter zur Apokalypse** mit Texten aus der Bibel, von Rudolf Steiner und Bilderklärungen von **Hella Krause-Zimmer**
Querformat 22,5 × 23,5, 150 Seiten, mit 30 Vierfarbtafeln, kart.,
DM 75,–/Fr. 65,– ISBN 3-85636-070-0

Wie aus einem Guß ist diese Bildserie nach Motiven der Apokalypse geformt und führt den Betrachter künstlerisch in das esoterische Erleben der Offenbarung. Die Erklärungen sind dabei Hilfen zum genaueren Wahrnehmen, zum Schauenlernen dieser Gestaltformen, die in farbiger Transparenz aus dem finsteren Hintergrund leuchten.

## Athys Floride:

**Das Erwachen an der Welt**
Luzifer–Ahriman – die Christus-Wesenheit. Ihre Wirkung auf die zwölf Sinne des Menschen.
50 Seiten, kart., DM 12,–/Fr. 10,– ISBN 3-85636-041-7

Es gilt, in das Wesen unserer Sinne tiefer einzudringen, um die richtigen Impulse für die Zukunft fassen zu können.